ENCICLOPEDIA DE PERSONAJES

SHARI LAST

CONTENIDO

SPIDERMAN

- 10 Spiderman (Marvel)
- 11 Peter Parker
- 12 Spiderman (UCM)
- 13 Otros Spiderman (UCM)
- 14 Mary Jane
- 15 Ned Leeds
- 16 Buitre
- 17 Conmocionador
- 18 Mysterio
- 19 Ilusiones elementales
- 20 Duende Verde (Marvel)
- 21 Doc Ock (Marvel)
- 22 Duende Verde (UCM)
- 23 Doc Ock (UCM)
- 24 Electro
- 25 Lagarto
- 26 Otros Spiderman (Marvel)
- 28 May Parker
- 29 J. Jonah Jameson
- 30 Empleados del *Bugle*
- 32 Spiderman (Miles Morales)
- 33 Spidey
- 34 Spin
- 35 Ghost-Spider
- 36 Supervillanos
- 37 Spiderham
- 38 Spiderman de 2099
- 39 Spiderman Noir
- 40 Veneno
- 41 ¡Venomizados!
- 42 Spidergirl
- 43 Spiderwoman
- 44 Araña Escarlata
- 45 Matanza
- 46 Hombre de Arena
- 47 Escorpión
- 48 Villanos de cómic
- 50 Gwen Stacy
- 51 Mary Jane Watson
- 52 Aliados de cómic

VENGADORES

- 56 Iron Man
- 57 Tony Stark
- 58 Iron Man submarino
- 59 Iron Man espacial
- 60 Armaduras de Iron Man
- 62 Capitán América
- 63 Steve Rogers
- 64 Capitán América zombi
- 65 Capitán América (Sam Wilson)
- 66 Máquina de Guerra
- 67 Iron Spider
- 68 Thor
- 69 La Poderosa Thor
- 70 Hulk
- 71 Bruce Banner
- 72 Viuda Negra
- 73 Ojo de Halcón
- 74 Halcón
- 75 Visión
- 76 Wanda Maximoff
- 77 Pietro Maximoff
- 78 Pantera Negra (T'Challa)
- 79 Pantera Negra (Shuri)
- 80 Ant-Man
- 81 Avispa
- 82 Doctor Extraño
- 83 Otros Doctor Extraño
- 84 Starlord
- 85 Gamora
- 86 Mapache Cohete
- 87 Groot
- 88 Drax
- 89 Mantis
- 90 Capitana Marvel
- 91 Hulka

VILLANOS

- 94 Obadiah Stane
- 95 Látigo Negro
- 96 Aldrich Killian
- 97 Trevor Slattery
- 98 Agente de Hydra
- 99 Ultrón
- 100 Calavera
- 101 El Coleccionista
- 102 Ronan
- 103 Taserface
- 104 Ayesha
- 105 Adam Warlock
- 106 Loki
- 107 Hela
- 108 Gran Maestro
- 109 Gorr
- 110 Thanos

111	Chitauri y outriders	147	Guardián Rojo	160	Maria Rambeau
112	Fauces Negras	148	Nébula	161	Monica Rambeau
113	Matanza Obsidiana	149	Yondu Udonta	162	Ajak
114	Próxima Medianoche	150	Okoye	163	Sersi
115	Corvus Glaive	151	Nakia	164	Ikaris
116	Erik Killmonger	152	M'Baku	165	Sprite
117	Ulysses Klaue	153	Ironheart	166	Gilgamesh
118	Rey Namor	154	Shang-Chi	167	Thena
119	Attuma	155	Katy	168	Phastos
120	Chaqueta Amarilla	156	Xialing	169	Kingo
121	Fantasma	157	El Anciano	170	Druig
122	Karl Mordo	158	Wong	171	Makkari
123	Supervisor	159	América Chávez	172	Agradecimientos
124	Wenwu				
125	Razor Fist				
126	Death Dealer				
127	Talos				
128	Villanos de cómic				

ALIADOS

132	Happy Hogan
133	Pepper Potts
134	Helen Cho
135	El Vigilante
136	Valquiria
137	Miek y Korg
138	Soldado de Invierno
139	Sharon Carter
140	Nick Furia
141	Maria Hill
142	Agente Coulson
143	Agente de SHIELD
144	Lobezno
145	Los X-Men
146	Yelena Belova

Este aficionado lleva siempre lo último en *merchandising*

Atuendo informal estampado en el torso

KEVIN FEIGE

LA PICADURA DE UNA ARAÑA da a Peter Parker los poderes que necesita para enfrentarse a los villanos más malvados de Nueva York. Pero el trabajo del Hombre Araña no acaba ahí. Spiderman forma equipo con muchos otros superhéroes para salvar el país, el planeta, el universo... ¡e incluso el Spiderverso!

Electro

El amigo y vecino Spiderman

Doctor Octopus

MJ

El asombroso Spiderman

MARVEL

SPIDERMAN
SUPERHÉROE DE CÓMIC

LA INTRÉPIDA MINIFIGURA de Spiderman entra en acción en decenas de sets LEGO®. Hay muchas minifiguras de Spiderman, y la mayoría de ellas llevan su icónico traje rojo y azul. Esta minifigura está inspirada en el aspecto de Spidey de los cómics, con detalles de telarañas negras y un pequeño emblema arácnido en el pecho.

- Máscara con telaraña impresa
- Detalles impresos en los brazos
- Músculos visibles a través del traje

FICHA DE DATOS

PASIÓN: Detener a villanos, ser responsable
AVERSIÓN: El crimen
AMIGOS: Iron Man, Ghost-Spider
ENEMIGOS: Duende Verde, Hombre de Arena, Dr. Octopus
APTITUDES: Poderes y sentido arácnidos, resistencia mejorada
EQUIPO: Traje arácnido, lanzarredes

SET: 76172 Batalla Final entre Spider-Man y Sandman
AÑO: 2021

ARMAS PEGAJOSAS
Spiderman ha salido airoso de muchas situaciones complicadas atrapando a los villanos en sus telarañas LEGO.

¿LO SABÍAS?
Spiderman fue el primer superhéroe que obtuvo licencia y fue fabricado en LEGO.

MARVEL

PETER PARKER
TU AMIGO Y VECINO

El gorro parece la típica máscara de superhéroe levantada

El estampado continúa en la espalda

Hebilla de cinturón con el emblema de Spiderman

¡SORPRESA! Bajo la máscara de Spidey se oculta el adolescente Peter Parker. Después de que una araña radiactiva le picara, Peter desarrolla superpoderes que emplea para hacer el bien. Esta minifigura viste el primer traje arácnido de Peter: un conjunto hecho en casa con capucha azul y máscara roja.

FICHA DE DATOS

PASIÓN: Las mates, el rock
AVERSIÓN: Los matones
AMIGOS: MJ Watson, Tía May
ENEMIGOS: J. Jonah Jameson
APTITUDES: Mente brillante, conocimientos científicos, fotografía
EQUIPO: Guarida arácnida, vehículos arácnidos

SET: 76175 Ataque a la Guarida Arácnida
AÑO: 2021

GUARIDA ARÁCNIDA
Peter Parker es como cualquier otro chico de su edad, salvo por una cosa: ¡tiene su propia guarida de superhéroe!

UNIVERSO CINEMATOGRÁFICO DE MARVEL

SPIDERMAN
VENGADOR ARÁCNIDO

LA MINIFIGURA DE SPIDERMAN de *No Way Home* lleva un elegante traje negro y rojo con nanotecnología integrada. Pero cuando su sentido arácnido se despierta, no es en la nanotecnología en lo que confía. El deseo de Peter de ayudar a los demás es lo que le impulsa a enfrentarse a cinco villanos interdimensionales que van tras él.

Detalles dorados: nanotecnología integrada

El símbolo dorado de la araña se extiende por todo el traje

Las piernas de doble molde son las favoritas de los fans

FICHA DE DATOS

PASIÓN: Ayudar a los demás
AVERSIÓN: Arruinar la vida de sus amigos
AMIGOS: MJ, Ned Leeds, Tía May, Happy Hogan
ENEMIGOS: Buitre, Mysterio, Thanos, Duende Verde
APTITUDES: Poderes y sentido arácnidos, resistencia mejorada
EQUIPO: Traje arácnido, lanzarredes

SET: 76185 Spider-Man en el Taller del Santuario
AÑO: 2021

BUSCANDO EL CHISTE
Spiderman siempre hace reír a sus amigos, ¡incluso en mitad de una misión! Aquí se lo pasa en grande con los divertidos trastos almacenados en el sótano del Doctor Extraño.

UNIVERSO CINEMATOGRÁFICO DE MARVEL

OTROS SPIDERMAN
LANZARREDES DEL MULTIVERSO

COMO CONSECUENCIA DE UN HECHIZO FALLIDO, cualquiera que conozca la identidad de Spiderman es absorbido al mundo de Peter Parker, ¡incluidas las minifiguras de Spiderman de otras dimensiones! Peter se sorprende al conocer a otras dos versiones de sí mismo: aunque parecen muy diferentes entre sí, en realidad tienen mucho en común.

TU AMIGO Y VECINO
Haciendo honor a su título, este Spiderman es simpático y amable. Enseña a Peter Parker a mostrar compasión, incluso con el Duende Verde.

INCREÍBLE SPIDERMAN
Este Spiderman admite que nunca ha luchado contra un alienígena, ¡y le encantaría haberlo hecho! Anima a Peter a seguir adelante, por muy mal que vayan las cosas.

Cabeza exclusiva con grandes ojos impresos

Símbolo de araña de patas largas

Detalles de telaraña en titanio

Patas de doble molde en azul y rojo

UNIVERSO CINEMATOGRÁFICO DE MARVEL

MARY JANE
LA MEJOR AMIGA DE SPIDERMAN

LA SUPERINTELIGENTE Mary Jane, o MJ, no tarda en descubrir que su compañero de clase (que desaparece misteriosamente cada vez que un villano se cruza con ellos) no es otro que Spiderman. Su minifigura apoya plenamente a Peter en su papel de superhéroe y lucha con agallas junto a él en tres sets LEGO.

Pieza de la cabeza utilizada en las tres minifiguras de MJ

Rostro impreso con expresión inquisitiva

La minifigura lleva un cómodo y sencillo jersey

FICHA DE DATOS

PASIÓN: Leer, los churros
AVERSIÓN: Columpiarse por la ciudad, hacer amigos
AMIGOS: Peter Parker, Ned Leeds
ENEMIGOS: Buitre, Lagarto
APTITUDES: Observadora, mente investigadora
EQUIPO: Ninguno

SET: 76261 Batalla Final de Spider-Man
AÑO: 2023

¡SALVADA! Como amiga de un superhéroe, MJ vive a veces situaciones peligrosas. Por suerte, Spiderman la salva, ¡aunque es un lanzarredes de una realidad alternativa!

14

UNIVERSO CINEMATOGRÁFICO DE MARVEL

NED LEEDS
EL OTRO MEJOR AMIGO DE SPIDERMAN

El pelo largo y suelto enmarca la cara de Ned

SPIDERMAN SIEMPRE puede contar con su mejor amigo Ned, ya sea construyendo modelos LEGO o deteniendo a villanos. Aunque su minifigura lleva ropa de calle, a menudo hace las veces de héroe, ayudando a Spidey desde la retaguardia o abriendo portales interdimensionales.

¿LO SABÍAS?
La confianza de Ned ha crecido con los años. Su primera minifigura tenía una cara feliz y otra preocupada, mientras que esta tiene dos expresiones sonrientes.

Típica chaqueta universitaria con botones y detalles de rayas

Sus manos a veces tienen poderes

FICHA DE DATOS

PASIÓN: Construir con ladrillos LEGO, los gusanos de gominola
AVERSIÓN: Los *paparazzi*
AMIGOS: Peter Parker, MJ
ENEMIGOS: Buitre, Lagarto
APTITUDES: Piratería informática, magia
EQUIPO: Portátil, Anillo de Honda (prestado)

SET: 76261 Batalla Final de Spider-Man
AÑO: 2023

MAGIA EXTRAÑA
Ned se queda atónito al descubrir que posee magia del Doctor Extraño. Además, ¡la capa del hechicero salva a Ned durante la lucha en la Estatua de la Libertad!

15

UNIVERSO CINEMATOGRÁFICO DE MARVEL

BUITRE
ENEMIGO VOLADOR

EL CRIMINAL ADRIAN TOOMES, también llamado Buitre, construye armas con tecnología alienígena chitauri y las vende en el mercado ilegal. Aunque su minifigura no deja de tramar maldades, Spiderman siempre logra detenerle. ¡Es muy frustrante!

- Cabeza estampada con máscara de vuelo negra y ojos verdes brillantes
- Chaqueta de vuelo forrada
- Aparato respiratorio instalado bajo la cabeza
- El arnés de la mochila propulsora continúa detrás

FICHA DE DATOS

PASIÓN: Ganar dinero
AVERSIÓN: Los vagos
AMIGOS: Conmocionador, Chapucero
ENEMIGOS: Spiderman
APTITUDES: Negocios, vuelo
EQUIPO: Exotraje, alas motorizadas, armas chitauri

SET: 76195 Duelo del Dron de Spider-Man
AÑO: 2021

¿LO SABÍAS?
Hay cinco minifiguras del Buitre y cada una viene con unas alas diferentes. Dos tienen una pieza de ala LEGO (en diferentes colores), mientras que las otras tres vienen con alas grandes y construibles.

VILLANO ALADO
El Buitre cuenta con su propia pieza de tecnología alienígena: un exotraje con alas motorizadas que le proporcionan una gran ventaja en la batalla.

UNIVERSO CINEMATOGRÁFICO DE MARVEL

CONMOCIONADOR
ENEMIGO ELECTRIZANTE

A HERMAN SCHULTZ también se le conoce como Conmocionador por su guantelete chitauri, que dispara ráfagas de electricidad. Su minifigura solo aparece en un set, ¡pero eso le basta para librar una batalla de alto voltaje contra Spiderman!

No parece nada impresionado

Detalles impresos en los brazos

Chaleco negro con capucha impresa en la espalda

FICHA DE DATOS

PASIÓN: Ganar dinero
AVERSIÓN: Trajes de superhéroe caseros
AMIGOS: Buitre
ENEMIGOS: Spiderman
APTITUDES: Ladrón de primera, combate
EQUIPO: Guantelete

SET: 76083 Cuidado con Vulture
AÑO: 2017

HUIDA
Conmocionador conduce una furgoneta cargada de armas peligrosas mientras intenta escapar de Spidey, que aparece en escena para detenerle.

17

UNIVERSO CINEMATOGRÁFICO DE MARVEL

MYSTERIO
ASPIRANTE A SUPERHÉROE

QUENTIN BECK PARECE un buen tipo, ¡pero no te dejes engañar! Experto en efectos especiales, crea la ilusión de que la Tierra está siendo atacada. Entonces su minifigura se lanza al rescate como el héroe interdimensional Mysterio. Pero Spiderman no se hace ilusiones: ¡hay que detener a Mysterio!

- Casco redondo azul claro exclusivo de Mysterio
- Elaborado traje de superhéroe con aspecto sobrenatural
- Estampado dorado y magenta en caderas y piernas
- Traje con malla protectora

FICHA DE DATOS

PASIÓN: Ser famoso
AVERSIÓN: Que Tony Stark no le valore
AMIGOS: Ninguno
ENEMIGOS: Spiderman, Tony Stark
APTITUDES: Efectos especiales, ingeniería, mente brillante
EQUIPO: Drones y hologramas

SET: 76184 Spider-Man vs. Ataque del Dron de Mysterio
AÑO: 2021

ATAQUE DE DRONES
Mysterio usa tecnología Stark y miles de drones para crear ilusiones. Spidey finalmente logra derrotarle durante un enfrentamiento en el Puente de la Torre de Londres.

¿LO SABÍAS?
Mysterio quería que su traje tuviera un aspecto heroico, así que se inspiró en los trajes de Thor, Doctor Extraño y Pantera Negra.

UNIVERSO CINEMATOGRÁFICO DE MARVEL

ILUSIONES ELEMENTALES
HIDROMAN Y MOLTEN MAN

Cara cubierta de burbujas

Detalles de olas impresos en el torso

UN VILLANO A PIEZAS
La forma LEGO de Molten Man es una figura construible en vez de una minifigura. Aparece en el set LEGO de 2019 Batalla contra Molten Man (set 76128).

HIDROMAN Y MOLTEN MAN son ilusiones creadas por Mysterio, pero ¡sus formas LEGO son perfectamente reales! Ambos causan estragos en todo el mundo: Hidroman aparece en Venecia bajo la forma de un remolino de agua, y Molten Man en Praga en forma de monstruo de fuego. ¡Menos mal que Spiderman acude al rescate!

¿LO SABÍAS?
La minifigura de Hidroman viene con ladrillos LEGO a juego con los que construir una ola imponente sobre la que colocar a la minifigura.

19

MARVEL

DUENDE VERDE
ARCHIENEMIGO DE SPIDERMAN

UN EXPERIMENTO FALLIDO convirtió al científico Norman Osborn en el Duende Verde, un villano muy trastornado. Con una máscara y un traje aterradores, su minifigura provoca el caos entre los habitantes de Nueva York. ¡Spiderman es el único lo bastante valiente como para plantarle cara!

- Orejas de duende unidas al gorro
- No confundas esta sonrisa con amabilidad
- Ropa desgarrada
- Piernas con rodilleras blindadas

FICHA DE DATOS

PASIÓN: El poder, el crimen
AVERSIÓN: Cualquiera que intente detenerle
AMIGOS: Ninguno
ENEMIGOS: Spiderman
APTITUDES: Mente astuta, superfuerza, agilidad
EQUIPO: Planeador, armadura, bombas calabaza

SET: 76175 Ataque a la Guarida Arácnida
AÑO: 2021

VERDE Y DORADO
La primera minifigura del Duende Verde salió a la venta en 2003, con un traje totalmente verde y ojos dorados. Durante diez años fue el único Duende Verde LEGO disponible.

MARVEL

DOC OCK
JOVEN PULPO

ESTE JOVEN DOC OCK aparece en la serie de animación de Marvel *Spidey y su superequipo*. Puede que su minifigura tenga las piernas más cortas y el pelo más largo que el villano tradicional de Marvel Comics, ¡pero sus tentáculos y su sonrisa pícara son suficientes para darse cuenta de que no se trae nada bueno entre manos!

Siempre usa estas gafas rojas

Tentáculos unidos a un soporte para el cuello

El cinturón controla los tentáculos

Botas amarillo brillante a juego con los guantes

FICHA DE DATOS

PASIÓN: Robar cosas
AVERSIÓN: ¡Que la pillen!
AMIGOS: Octobots
ENEMIGOS: Spiderman, Spin, Ghost-Spider
APTITUDES: Tramar e intrigar
EQUIPO: Tentáculos mecánicos, Octobots

SET: 10789 Coche de Spider-Man y Doc Ock
AÑO: 2023

¡EN MARCHA
Los tentáculos resultan muy útiles para robar diamantes. ¡Una pena no tener un par de piernas de más para correr más rápido que Spidey!

21

UNIVERSO CINEMATOGRÁFICO DE MARVEL

DUENDE VERDE
VIL VILLANO

EQUIPO VERDE
El Duende Verde se lanza a la batalla en su planeador. Es conocido por lanzar bombas calabaza, ¡que no son tan divertidas como parecen!

FICHA DE DATOS

PASIÓN: Causar el caos
AVERSIÓN: La debilidad
AMIGOS: Ninguno
ENEMIGOS: Spiderman
APTITUDES: Mente genial, fuerza sobrehumana, velocidad, curación
EQUIPO: Planeador, armadura, bombas calabaza

SET: 76261 Batalla Final de Spider-Man
AÑO: 2023

Jirones de una sudadera con capucha morada

Circuitos a la vista en el torso

Cinturón con compartimentos

¿LO SABÍAS?
Solo hay dos sets del Duende Verde sin planeador: uno muestra el momento en que Osborn se convirtió en el Duende Verde y el otro viene con un meca de batalla en su lugar.

EL TERRORÍFICO DUENDE VERDE ha sido el archienemigo de Spiderman durante años, pero esta es su primera –y única– minifigura del UCM (Universo Cinematográfico de Marvel). Conserva los colores verde y morado, pero tiene el rostro humano de Norman Osborn.

UNIVERSO CINEMATOGRÁFICO DE MARVEL

DOC OCK
TERROR CON TENTÁCULOS

Expresión alegre después de haber sido curado

Cuello alto para estar bien abrigado

Larga gabardina gris

BRAZOS EXTRA
Doc Ock usa sus tentáculos de LEGO de 20 piezas para escalar edificios y agarrar a sus enemigos. Un soporte en torno al cuello mantiene los tentáculos bien sujetos.

FICHA DE DATOS

PASIÓN: Quejarse, la ciencia
AVERSIÓN: Quitarse las gafas
AMIGOS: Spiderman
ENEMIGOS: Spiderman
APTITUDES: Mente genial
EQUIPO: Tentáculos mecánicos

SET: 76261 Batalla Final de Spider-Man
AÑO: 2023

RESENTIDO Y CRUEL, Otto Octavius es un científico poseído por sus propios tentáculos mecánicos, hasta que conoce a un Spiderman en otra realidad ¡y este descubre cómo curarle! Una vez es capaz de volver a controlar su propia mente, Doc Ock utiliza sus tentáculos para ayudar a Spidey a curar a más enemigos.

UNIVERSO CINEMATOGRÁFICO DE MARVEL

ELECTRO
ENEMIGO HAMBRIENTO DE PODER

TRANSPORTADA a través del multiverso, la minifigura de Electro está fascinada por el poder que puede sentir en el aire. Cargando su cuerpo de chisporroteante energía, rechaza la posible cura de Spiderman y cruza la ciudad para absorber toda la deliciosa electricidad que esta le ofrece.

Electricidad chisporroteante

El reactor de arco aumenta los poderes de Electro

Chaleco táctico con hebillas y cables

FICHA DE DATOS

PASIÓN: ¡El poder!
AVERSIÓN: Las anguilas
AMIGOS: Dr. Octopus, Hombre de Arena
ENEMIGOS: Spiderman
APTITUDES: Control de la electricidad, vuelo
EQUIPO: Reactor de arco (temporalmente)

SET: 76261 Batalla Final de Spider-Man
AÑO: 2023

SOBRECARGA
Electro no puede resistirse al poder del reactor de arco de Spiderman. Cuando lo integra en su traje, ¡los resultados son realmente impactantes!

24

UNIVERSO CINEMATOGRÁFICO DE MARVEL

LAGARTO
ENEMIGO REPTILIANO

¿LO SABÍAS?
Aunque esta es la primera minifigura de Lagarto, su primera aparición en LEGO fue en 2013 como figura de gran tamaño en el videojuego LEGO *Marvel Super Heroes*.

EL DOCTOR CURT CONNORS fusionó ADN de reptil con el suyo propio durante un experimento que salió mal. Enemigo frecuente de Spidey, la minifigura de Lagarto hizo su primera aparición en LEGO en 2024, luchando contra Spiderman en la Estatua de la Libertad.

- Mano derecha dañada en la batalla
- Cuerpo cubierto de escamas
- Garras afiladas impresas
- La pieza de la cola encaja en la cadera

FICHA DE DATOS

PASIÓN: Convertir a la gente en lagarto
AVERSIÓN: ¡Que se sorprendan de que puede hablar!
AMIGOS: Hombre de Arena, Dr. Octopus
ENEMIGOS: Spiderman, Ned Leeds, MJ
APTITUDES: Habilidades reptilianas, gran inteligencia
EQUIPO: Ninguno

SET: 76280 Spider-Man vs. Sandman: Batalla Final
AÑO: 2024

LUCHA FINAL
Durante su gran batalla con Spidey, Lagarto abre la boca y le da un rápido mordisco... Finalmente, Connors vuelve a su cuerpo humano original.

25

MARVEL

OTROS SPIDERMAN
MIL Y UN LANZARREDES

SPIDERMAN HA ENTRADO EN ACCIÓN en más de cien sets LEGO, por lo que son muchas las minifiguras que existen del lanzarredes. Aquí tienes algunas de las minifiguras más chulas, icónicas y raras de Peter Parker.

LA PRIMERA
La primera minifigura de Spiderman salió a la venta en 2002 en tres sets LEGO.

Telarañas de color plateado en la cadera

¿LO SABÍAS?
Spiderman es uno de los dos superhéroes que más veces ha aparecido como minifigura exclusiva de la Comic-Con.

El pasamontañas oculta la mayor parte de la cara

CON PASAMONTAÑAS
Esta minifigura poco común muestra a Peter Parker con su primer traje hecho en casa.

Dibujo de araña borroso en el jersey

LA CLÁSICA
Esta minifigura de Spiderman ha aparecido en el mayor número de sets: ¡14!

Las telarañas continúan en la parte posterior de la cabeza

Pequeño emblema de araña

Piernas azules lisas

26

LA MENOS FRECUENTE
Esta minifigura exclusiva de la Comic-Con de 2013 se considera la variante de Spiderman más rara.

- Patrón de semitono en los ojos
- Torso muy detallado
- El estampado continúa en las piernas

MIGHTY MICRO
Esta figura de Mighty Micro tiene las piernas cortas y guiña un ojo.

- Las líneas gruesas son habituales en las minifiguras Mighty Micro
- Emblema de araña impreso en la parte posterior del torso

LA DE LA PS4
Esta otra minifigura exclusiva de la Comic-Con adopta la forma del personaje de Spidey del juego de PlayStation 4.

- Sombra de ojos plateada
- Cada pieza de esta minifigura es exclusiva
- Raro emblema de araña blanco
- Detalles impresos en caderas y piernas

TRAJE DE SIGILO
Con su traje negro y verde de los cómics, los fans suelen llamar a esta minifigura «Big Time Spiderman».

- Las luces brillan cuando el traje está en modo camuflaje
- El traje puede absorber el sonido
- No lleva detalles de telaraña

27

MARVEL

MAY PARKER
TÍA Y ALIADA

PUEDE QUE HAYA INFINITAS
Tías May el multiverso, pero solo hay cuatro minifiguras, y todas ellas la muestran tal y como aparece en los cómics clásicos. No importa a cuántos superhéroes conozca Spiderman: ¡ella siempre será la persona a la que más admire en el mundo!

Expresión amable

¿LO SABÍAS?
Esta minifigura de la tía May está de visita en el edificio del *Daily Bugle* en el set 76178. Lleva un plato de pasteles, ¡probablemente recién horneados para su sobrino favorito!

Lleva el mismo jersey que Hermione Granger de LEGO® Harry Potter™

Prácticos pantalones

FICHA DE DATOS

PASIÓN: La repostería
AVERSIÓN: Eludir las responsabilidades
AMIGOS: Peter Parker, Otto Octavius
ENEMIGOS: Dr. Octopus, Duende Verde
APTITUDES: Voluntad fuerte, amable, compasiva
EQUIPO: Ninguno

SET: 76178 Daily Bugle
AÑO: 2021

¡OTRA VEZ NO!
Al estar emparentada con un superhéroe, May se halla a menudo en situaciones de riesgo, por lo que su rostro alternativo muestra una expresión de miedo.

MARVEL

J. JONAH JAMESON
REDACTOR JEFE

¿LO SABÍAS?
El aspecto de esta minifigura está inspirado en la primera minifigura de Jameson, lanzada en 2004.

Con su habitual peinado de punta

Por el otro lado de la cabeza, un pegote de telarañas le cubre la boca

Chaleco con botones y adornos azules

J. JONAH JAMESON se siente orgulloso de ser el redactor jefe del *Daily Bugle*. Su minifigura luce una impecable camisa blanca y un traje negro, lo que muestra la seriedad con la que se toma su trabajo. Supervisa a los empleados del periódico, pero hay una pregunta que le obsesiona día y noche: ¿quién es Spiderman?

FICHA DE DATOS

PASIÓN: Boxeo, taichí
AVERSIÓN: Spiderman, Spiderman y Spiderman
AMIGOS: Los empleados del *Daily Bugle*
ENEMIGOS: Spiderman
APTITUDES: Investigación, experiencia con los medios
EQUIPO: Micrófono, ordenador

SET: 76178 Daily Bugle
AÑO: 2021

EL DESPACHO DEL JEFE
Jameson exhibe a la vista de todos los premios que ha recibido. Su escritorio está atestado de papeles de sus investigaciones sobre Spiderman.

29

MARVEL

EMPLEADOS DEL *BUGLE*
EL PERSONAL DEL PERIÓDICO

LOS EMPLEADOS del *Daily Bugle* están siempre a la caza de la última primicia y preparando sus boletines informativos. ¡Pero ninguno de ellos se da cuenta de que la respuesta al mayor misterio (la identidad de Spiderman) se encuentra en un pequeño despacho al final del pasillo!

¿LO SABÍAS?
Estos empleados del *Daily Bugle* están tan entregados a su trabajo que solo aparecen en un set LEGO: *Daily Bugle* (set 76178).

Pelo castaño recogido

Su bigote canoso denota sus años de experiencia

ROBBIE ROBERTSON
Este editor de alto rango es amigo del jefe, J. Jonah Jameson, pero admira en secreto a Spiderman.

Viste una camisa bajo un cómodo jersey

BETTY BRANT
Antigua secretaria de Jameson, Betty es ahora reportera de televisión.

BEN URICH
Periodista de investigación, a Ben se le da bien descubrir identidades secretas… la mayoría de las veces.

Nunca se le ve sin sus gafas de montura dorada

Comparte cabeza con MJ en el set 76129

AMBER GRANT
Como fotógrafa independiente, Amber se cruza a menudo con Peter Parker.

Chaqueta a cuadros para la oficina

Lleva la cámara en la cartera

Primera minifigura con este elemento en el pelo

UN DÍA EN LA OFICINA
Pantallas de televisión y periódicos enmarcados adornan las paredes de la desordenada redacción del *Daily Bugle*.

El estampado de diamantes continúa en la espalda

RON BARNEY
Ron es un periodista principiante que una vez escribió un artículo sobre Estela Plateada.

MARVEL
SPIDERMAN
MILES MORALES

EN COMÚN
Al igual que Peter, Miles se confecciona él mismo su primer traje arácnido. Elige el rojo y el negro y utiliza una sudadera con capucha para ocultar la cabeza.

FICHA DE DATOS

PASIÓN: El arte, los grafitis
AVERSIÓN: Los colegios snobs
AMIGOS: Spiderman, Aaron Davis, Spider-Gwen
ENEMIGOS: Kingpin, la Mancha
APTITUDES: Sentido y poderes arácnidos
EQUIPO: Traje arácnido

SET: 76244 Miles Morales vs. Morbius
AÑO: 2023

Máscara negra con detalles de telaraña por la parte de atrás

Emblema grande de araña roja

Lanzarredes en las muñecas

¿LO SABÍAS?
Otras dos minifiguras de Miles Morales/Spiderman llevan la misma cabeza enmascarada de esta minifigura, ambas con una capucha roja encima.

OTRA REALIDAD, OTRO ADOLESCENTE y otra picadura de araña radiactiva. Este es Miles Morales, cuya minifigura de Spiderman protege las calles de Brooklyn con su traje arácnido rojo y negro.

MARVEL

SPIDEY
UN SPIDERMAN MUY JOVEN

Grandes ojos perfilados de negro

Llamativo emblema sobre un fondo sencillo

ESTE JOVEN SPIDERMAN aparece en la serie de Marvel *Spidey y su superequipo*. Su minifigura luce el icónico traje, pero con detalles simplificados y las piernas más cortas, ideal para los fans más jóvenes de LEGO. Spidey se une a sus dos mejores amigos, Spin y Ghost-Spider, para pararle los pies a sus enemigos.

FICHA DE DATOS

PASIÓN: Baloncesto, insectos
AVERSIÓN: Los parques de atracciones
AMIGOS: Spin, Ghost-Spider
ENEMIGOS: Doc Ock, Rino, Duende Verde
APTITUDES: Sentido arácnido, lanzar telarañas, trepar
EQUIPO: Traje arácnido

SET: 10782 Camiones de Combate de Hulk y Rino
AÑO: 2022

COCHE-ARAÑA
Pese a ser un niño, Spidey conduce un vehículo diseñado para atrapar a los villanos. ¡Incluso tiene sus propios lanzarredes!

MARVEL

SPIN
MILES MORALES

MILES MORALES se hace llamar Spin en la serie de animación de Marvel *Spidey y su superequipo*. Su minifigura tiene piernas cortas, ojos grandes y llamativos detalles rojos en su traje arácnido.

¿LO SABÍAS?
Hay tres minifiguras de Spin en la serie de televisión, y cada una de ellas luce un emblema de araña de distinto color en el pecho.

Araña roja impresa en la parte trasera del torso

De las muñecas salen telarañas rojas

FICHA DE DATOS
PASIÓN: Pintar, el helado de pistacho
AVERSIÓN: Olvidarse de desayunar
AMIGOS: Spidey, Ghost-Spider
ENEMIGOS: Doc Ock, Duende Verde
APTITUDES: Sentido arácnido, camuflaje, aracno-picadura
EQUIPO: Traje arácnido, telarañas

SET: 10781 Tecnotrike de Spider-Man
AÑO: 2022

AMIGOS ARÁCNIDOS
A Spin le gusta pintar en su tiempo libre. En su último cuadro se ha retratado junto a sus dos mejores amigos: Spidey y Ghost-Spider.

34

MARVEL

GHOST-SPIDER
GWEN STACY

La capucha blanca se ajusta a la cabeza

Emblema de araña azul brillante

¡SURCA LOS CIELOS!
En el set 10784, a Ghost-Spider le gusta pasar el rato en el cuartel general de Spidey, donde guarda su veloz helicóptero.

Ghost-Spider planea gracias a unas alas de telaraña que le salen de debajo de los brazos

Estas telarañas rosas continúan en la espalda

FICHA DE DATOS

PASIÓN: Tocar la batería, los animales
AVERSIÓN: Los misterios sin resolver
AMIGOS: Spidey, Spin
ENEMIGOS: Doc Ock, Rino
APTITUDES: Sentido arácnido, habilidades de planeo
EQUIPO: Traje, helicóptero

SET: 10783 Spider-Man en el Laboratorio de Doc Ock
AÑO: 2022

BAJO EL NOMBRE de Ghost-Spider, Gwen Stacy se une a sus amigos Spidey y Spin en sus aventuras. Lleva un traje arácnido morado, rosa y blanco. ¡La capucha y la cabeza blancas le dan un aspecto especialmente fantasmagórico!

35

MARVEL

SUPERVILLANOS
JÓVENES MALHECHORES

EL JOVEN SPIDEY y sus amigos, pese a su corta edad, hacen frente a todo tipo de villanos, como duendes o robots.

HOMBRE DE ARENA
Fiel a su nombre, este malvado se transforma en arena en su afán por capturar a Spidey y a sus amigos en la playa.

DUENDE VERDE
El joven Duende Verde tiene las piernas más cortas que las otras minifiguras del personaje, ¡pero luce la misma malévola sonrisa en sus traviesas aventuras!

Sombrero con orejas de duende

Cinturón con dos grandes bolsillos

Su cuerpo se convierte en arena

Hebilla con «orejas»

RINO
¡Cuidado! La minifigura de Rino usa toda su fuerza para romper huevos y lanzarlos contra Spidey y los demás héroes en el set 10791.

Cuernos de rinoceronte

Pieza LEGO exclusiva de Zola

La cara verde está en una pantalla

Resistentes y voluminosas hombreras

ZOLA
Este villano-robot ataca el cuartel general de Spidey. ¡Y va acompañado de un pequeño clon!

MARVEL

SPIDERHAM
UN CERDO CON SUPERPODERES

ESTA INUSUAL MINIFIGURA tiene un origen insólito: Peter Porker era una araña que sufrió el mordisco de una cerda radiactiva. Conocido en todo el mundo como Spiderham, lucha por la justicia junto a varios Spiderman de todo el Spiderverso.

Orificios nasales en forma de ojos arácnidos

¿LO SABÍAS?
Esta pieza de la cabeza con forma de cerdo fue creada para Spiderham y solo se ha usado para otra minifigura: Pork Grind, una versión venomizada de Spiderham.

Molde de cabeza de cerdo con telarañas impresas

Clásico traje arácnido similar al de Peter Parker

FICHA DE DATOS

PASIÓN: Los perritos calientes
AVERSIÓN: Cuando la gente asume que no puede hablar
AMIGOS: Spiderman, el Capi
ENEMIGOS: Veneno, Doctor Muerte
APTITUDES: Poderes arácnidos
EQUIPO: Traje arácnido, guanteletes de telaraña

SET: 76151 Emboscada del Venomosaurio
AÑO: 2020

¡HORA DE MERENDAR!
Incluso durante la lucha, Spiderham siempre tiene tiempo para picar algo… ¡y para soltar un montón de chistes tontos!

37

MARVEL

SPIDERMAN DE 2099
SUPERHÉROE DEL FUTURO

EL SPIDERMAN DE 2099 no solo es de una realidad alternativa; ¡también es del futuro! Se trata del genio genetista Miguel O'Hara, que aparece con su futurista traje arácnido en un único set, en el que su minifigura se une a Peter Parker contra sus enemigos comunes.

El enorme emblema de araña domina el traje

Patrón de trama de semitono de cómic impreso en el torso y la cabeza

Traje de tela hecho de moléculas inestables

FICHA DE DATOS

PASIÓN: Experimentar con IA
AVERSIÓN: La gente que abusa de su poder
AMIGOS: Spiderman
ENEMIGOS: Hombre de Arena, Buitre, la Mancha
APTITUDES: Poderes arácnidos, visión y oído mejorados
EQUIPO: Traje arácnido, lanzarredes

SET: 76114 Araña Reptadora de Spider-Man
AÑO: 2019

ATASCO DE ARENA
Lanzar telarañas a los enemigos es algo natural para el Spiderman de 2099, porque su cuerpo las produce sin necesidad de fluido de telaraña artificial. ¡Cuidado, Hombre de Arena!

MARVEL

SPIDERMAN NOIR
SUPERHÉROE DEL PASADO

OTRO SUPERHÉROE que viaja en el tiempo, esta versión de Spiderman procede de la década de 1930, cuando todo era en blanco y negro. Su monocromática minifigura lleva unas geniales gafas de araña y una gabardina. Su aspecto sombrío refleja su seria personalidad.

¿LO SABÍAS?
El sombrero que lleva Spiderman Noir es una pieza clásica de LEGO que suelen llevar minifiguras como vaqueros y exploradores.

Camisa pasada de moda

Detalle de camisa desabrochada a la altura de la cadera

Comparte la pieza de pierna con Nick Furia

FICHA DE DATOS

PASIÓN: Resolver crímenes
AVERSIÓN: Los colores
AMIGOS: Spiderman
ENEMIGOS: Veneno, Norman Osborn
APTITUDES: Poderes arácnidos, instinto detectivesco
EQUIPO: Ninguno

SET: 76150 Jet Arácnido vs. Armadura Robótica de Venom
AÑO: 2020

HABILIDADES DE PILOTO
Pese a proceder del pasado, Spiderman Noir pilota un Spiderjet. Usa su increíble sentido arácnido para pilotar la nave.

39

MARVEL

VENENO
ALIENÍGENA MALIGNO

VENENO es uno de los enemigos más escurridizos de Spiderman, sobre todo porque su forma natural es un montón de pringue negra. Pero también porque cambia de forma y establece vínculos con otros seres. Veneno se unió por primera vez a Spidey: por eso, sus minifiguras presentan imágenes de arañas.

Los tentáculos adoptan formas diferentes

La lengua roja brillante es el único toque de color de la minifigura

Emblema de araña distorsionado

¿LO SABÍAS?
Las primeras minifiguras de Veneno sonríen con los dientes juntos. Pero sus variantes más recientes tienen la boca abierta, mostrando una lengua brillante.

Al principio, a Spidey el traje de Veneno le parecía inofensivo

FICHA DE DATOS

PASIÓN: Vincularse con seres poderosos
AVERSIÓN: Los sentimientos complicados
AMIGOS: Cualquiera con quien esté unido en este momento
ENEMIGOS: Spiderman, Iron Man
APTITUDES: Cambiar de forma, curación
EQUIPO: Ninguno

SET: 242104 Venom
AÑO: 2021

COMO EL VENENO
Veneno es conocido por su sonrisa malvada, su larga lengua y sus tentáculos. Muchas de sus formas LEGO presentan estas características, ¡incluido este monstruoso robot!

40

MARVEL

¡VENOMIZADOS!
PERSONAJES CORROMPIDOS

VENENO ADOPTA la apariencia de aquellos con los que se une, potenciando sus poderes y convirtiéndolos poco a poco en malvados. Las minifiguras venomizadas son fáciles de reconocer: conservan parte de su forma original, pero también muestran señales de corrupción.

PORK GRIND
Pork Grind es una versión venomizada de Spiderham. El villano suele empuñar un enorme mazo y odia las espinacas.

La cabeza no lleva la boca impresa

SPIDERMAN VENOMIZADO
Esta exclusiva de la Comic-Con de 2012 muestra a Spiderman con su traje de Veneno. ¡Parker tardó un tiempo en darse cuenta de que el traje le estaba corrompiendo!

Otras minifiguras de Veneno tienen el mismo torso

Casco mitad Veneno, mitad Iron Man

DUENDE VENOMIZADO
¡Los villanos también se venomizan! El Duende Verde se transforma parcialmente, haciéndolo más aterrador que nunca.

La armadura se transforma en un traje de Veneno

El símbolo de Veneno ocupa todo el pecho

IRON VENOM
Cuando Veneno corrompe a Iron Man, el casco y la armadura del Vengador son mitad Veneno y mitad Iron Man.

Las piernas del Duende están totalmente venomizadas

MARVEL

SPIDERGIRL
SUPERHEROÍNA ARÁCNIDA

LA ESTUDIANTE DE INSTITUTO Anya Corazón utiliza sus poderes arácnidos para ayudar a los demás y a veces viste un traje rojiblanco. Su minifigura forma equipo con Spiderman para perseguir al Dr. Octopus en un solo set, lo que la convierte en un miembro poco común de la familia arácnida de LEGO.

Pieza de la cabeza exclusiva con máscara negra

El emblema continúa por la parte posterior del torso

Su antebrazo produce telarañas

FICHA DE DATOS

PASIÓN: Los ordenadores, el rap
AVERSIÓN: Los matones, los científicos malvados
AMIGOS: Spiderman
ENEMIGOS: Dr. Octopus
APTITUDES: Poderes arácnidos, habilidades de camuflaje
EQUIPO: Traje arácnido

SET: 76148 Spider-Man vs. Doc Ock
AÑO: 2020

EXPERTA EN TELARAÑAS
Desde su araña andante, Spidergirl dispara telarañas a Doc Ock. ¡Está decidida a enmarañar sus tentáculos!

¿LO SABÍAS?
En otra realidad existe otra Spidergirl llamada May Parker, ¡hija de Peter Parker!

42

MARVEL

SPIDERWOMAN
SUPERHEROÍNA POCO COMÚN

Pieza de la cabeza exclusiva con máscara roja impresa

La impresión del torso continúa en las caderas

Las piernas de doble molde representan sus botas amarillas

Puede disparar «explosiones de veneno»

VERSIÓN DEFINITIVA
Una Spiderwoman alternativa entra en acción en el set 76057. Su minifigura roja y blanca está basada en los Ultimate Comics de Marvel.

¿LO SABÍAS?
La minifigura de Spidergirl del set 76057, vestida de rojo y blanco, se inspira en el personaje de Spiderwoman de los Ultimate Comics de Marvel.

JESSICA DREW, alias Spiderwoman, raramente se deja ver con su traje rojo y amarillo de los cómics. Solo se lanzaron 350 copias de esta minifigura, como regalo en la Comic-Con de San Diego de 2013, lo que la convierte en una de las minifiguras LEGO Súper Héroes más raras.

FICHA DE DATOS

PASIÓN: La mantequilla
AVERSIÓN: Las ratas
AMIGOS: Doctor Extraño
ENEMIGOS: Morgan le Fay
APTITUDES: Poderes arácnidos, resistencia al veneno
EQUIPO: Traje arácnido

SET: Comcon027 Spider-Woman
AÑO: 2013

43

MARVEL

ARAÑA ESCARLATA
CLON DE SPIDERMAN

¡AL RESCATE!
Araña Escarlata utiliza sus habilidades para ayudar a rescatar a la tía May de Escorpión en un puente en ruinas.

Su cabeza es la misma que la de Spiderwoman en ese set

Guarda balas de telaraña en las muñequeras

La capucha es una pieza independiente

FICHA DE DATOS

PASIÓN: Tener el pelo rubio (bajo la máscara)
AVERSIÓN: El caos entre clones
AMIGOS: Spiderman, Tía May
ENEMIGOS: Escorpión, Duende Verde
APTITUDES: Poderes arácnidos, equilibrio excepcional
EQUIPO: Lanzarredes, balas de telaraña

SET: 76057 Spider-Man: Combate Definitivo entre los Guerreros Arácnidos | **AÑO:** 2016

BEN REILLY es un clon de Spiderman creado por un villano. Por fortuna, Reilly decidió ser un buen chico y tomó el nombre de Araña Escarlata. Su minifigura lleva un traje rojo bajo un chaleco con capucha, emblema arácnido y cinturón utilitario. Se une a Spiderman en un único set LEGO.

MARVEL

MATANZA

ALIENÍGENA SALVAJE

- Ojos similares a los de Spidey, ¡pero mucho más terroríficos!
- Inquietante sonrisa
- Cuerpo cubierto de filamentos
- Dedos de los pies impresos

FICHA DE DATOS

PASIÓN: El color rojo
AVERSIÓN: La familia
AMIGOS: Ninguno
ENEMIGOS: Spiderman, Veneno
APTITUDES: Metamorfosis
EQUIPO: Ninguno

SET: 76173 Spider-Man y el Motorista Fantasma vs. Carnage | **AÑO:** 2021

PODER ABAJO
Cuando Matanza envuelve un generador de energía con sus tentáculos, ¡Spiderman se prepara para una lucha electrizante!

MATANZA Y VENENO tienen cosas en común: son alienígenas que se unen a huéspedes y ambos se enfrentan a Spidey, quien trata de frustrar cada uno de sus movimientos. Matanza puede transformar partes de sí mismo en armas, ¡pero su minifigura prefiere los tentáculos rojos!

45

MARVEL

HOMBRE DE ARENA
MALVADO ARENOSO

Cada minifigura viene con una pieza de cabeza diferente

¿LO SABÍAS?
Las cinco minifiguras del Hombre de Arena llevan su sudadera a rayas inspirada en los cómics, ¡pero cada una está parcial o totalmente convertida en arena!

UN ACCIDENTE de radiación otorga poderes especiales al criminal William Baker. Puede transformar su cuerpo en arena de todas las formas y tamaños. Su minifigura no viene con piernas: el tronco se alza sobre un remolino de arena porque se muestra en plena transformación.

Sudadera a medio camino de transformarse en arena

La base es exclusiva de este personaje

FICHA DE DATOS

PASIÓN: La playa, los castillos de arena, el fútbol
AVERSIÓN: Los matones
AMIGOS: Los Seis Siniestros
ENEMIGOS: Spiderman
APTITUDES: Transformar su cuerpo en arena, convertir sus brazos en armas de arena
EQUIPO: Ninguno

SET: 76172 Batalla Final entre Spider-Man y Sandman
AÑO: 2021

¡TRANSFORMACIÓN EN ARENA!
En el set 76114, una versión única del Hombre de Arena lo muestra totalmente convertido en arena. Su piel ha perdido todo el color y tiene la boca tapada por granos de arena!

MARVEL

ESCORPIÓN
SUPERVILLANO URTICANTE

La cola termina en un aguijón venenoso

Gargan se oculta bajo la máscara de escorpión

Este soporte mantiene la cola en su sitio

Guantes equipados con diminutas pinzas

DESPUÉS DE SOMETERSE a un experimento, el investigador privado Mac Gargan adquiere superpoderes, pero también lo lleva a enloquecer. Su minifigura viste un traje de escorpión, con una cola exclusiva con la que ataca a sus enemigos. ¡Cuidado con el aguijón!

FICHA DE DATOS

PASIÓN: Cobrar mucho dinero
AVERSIÓN: Viajar en el tiempo
AMIGOS: Justin Hammer, Norman Osborn
ENEMIGOS: Spiderman, J. Jonah Jameson
APTITUDES: Superfuerza, trepar por paredes
EQUIPO: Traje de escorpión, cola motorizada

SET: 76057 Spider-Man: Combate Definitivo entre los Guerreros Arácnidos | **AÑO:** 2016

MICROCOLA
La versión Mighty Micros de Escorpión utiliza la misma pieza de cola LEGO, pero de color amarillo en vez de gris.

MARVEL

VILLANOS DE CÓMIC
GALERÍA DE MALHECHORES

SPIDERMAN SE ENFRENTA a villanos de todo tipo, desde hechiceros enmascarados hasta cazadores súper competitivos. Todos tienen superpoderes, además de objetivos y trajes increíbles.

Su traje blindado hecho en casa es superfuerte

Armas integradas en las muñecas

ESCARABAJO
El Escarabajo se une al Dr. Muerte para atacar la sede del *Daily Bugle*. Utiliza su traje para enfrentarse a Spidey en una lucha aérea.

KRAVEN, EL CAZADOR
Para demostrar que es el mejor cazador de todos los tiempos, Kraven decide atrapar al escurridizo Spiderman; sin embargo, el lanzarredes logra escapar de sus garras...

Comparte esta pieza con la minifigura de Korg

Estampado animal en caderas y piernas

DOCTOR MUERTE
El hechicero y genio de la tecnología Dr. Muerte ataca a Spiderman en las oficinas del *Daily Bugle* en el set 76005, su única aparición en LEGO hasta el momento.

Máscara de hierro adherida al rostro

La túnica verde continúa en las piernas

Capa hecha jirones

Cara terrorífica con ojos rojos brillantes

¿LO SABÍAS?
Varias minifiguras llevan la misma capa hecha jirones que Duende, incluido Corvus Glaive. Pero esta es la única minifigura que la lleva de color naranja brillante.

DUENDE
Esta minifigura está inspirada en el Duende Verde: viste un traje exclusivo, la versión naranja del traje del Duende Verde, mientras se embarca en una vida delictiva.

RINO
Su minifigura viene con una enorme y poderosa armadura mecánica en el set 76037. Sin ella, Rino parece un hombre normal y corriente.

Músculos visibles bajo la camiseta

MORBIUS
Aunque el Dr. Michael Morbius tenga poderes de murciélago, en el fondo no es un villano. Su minifigura a veces lucha junto a Spidey.

Arnés para sujetar el pesado traje

Por el otro lado, su expresión es aún más aterradora

La túnica abierta deja ver la piel pálida de Morbius

49

MARVEL

GWEN STACY
NOVIA DE CÓMIC

GWEN STACY conoce a Peter Parker en la universidad y se enamora de él. Ella no conoce la identidad secreta de Peter. ¡Por eso no entiende por qué su minifigura está en peligro tan a menudo!

Pecas impresas en la pieza de la cabeza

Chaqueta ligera e informal

FICHA DE DATOS

PASIÓN: Ayudar a la policía a resolver casos
AVERSIÓN: Spiderman
AMIGOS: Peter Parker, Harry Osborn
ENEMIGOS: Duende Verde
APTITUDES: Mente científica, bondad
EQUIPO: Ninguno

SET: 76178 Daily Bugle
AÑO: 2021

AMIGO DE LA FAMILIA
En el set 76059, Spidey intenta socorrer también al padre de Gwen, el capitán George Stacy.

¿LO SABÍAS?
En otra realidad del Spiderverso, una araña muerde a otra Gwen Stacy y se convierte en Spiderwoman, también llamada Spider-Gwen (o Ghost-Spider).

MARVEL

MARY JANE WATSON
OTRA NOVIA DE CÓMIC

Pieza de cabeza exclusiva

Esta camiseta con el corazón de Spidey muestra lo que Mary Jane siente por su superhéroe favorito

MARY JANE CONOCE A Peter Parker desde hace años y acaban enamorándose. Su minifigura se sorprende al descubrir que su novio es Spiderman, ¡pero en seguida demuestra ser una aliada ingeniosa, solidaria y valiente!

¿LO SABÍAS?
Hay otras cuatro minifiguras de Mary Jane, todas inspiradas en el personaje de las películas de la trilogía de *Spiderman*.

FICHA DE DATOS
PASIÓN: La acción
AVERSIÓN: Que solo la describan como «simpática»
AMIGOS: Peter Parker
ENEMIGOS: Duende Verde
APTITUDES: Guardar secretos, los negocios
EQUIPO: Ninguno

SET: 76016 Rescate en el Helicóptero Araña
AÑO: 2014

MJ EN APUROS
¿Que por qué la minifigura de Mary Jane tiene una cara alternativa? La necesita en situaciones de peligro, como cuando el Duende Verde la captura.

MARVEL
ALIADOS DE CÓMIC
GALERÍA DE SUPERHÉROES

SPIDERMAN tiene muchos amigos y aliados que siempre están dispuestos a formar equipo y enfrentarse a algún que otro supervillano. Estas geniales y coloridas minifiguras tienen incluso sus propios superpoderes.

El color de la pieza de cabello es exclusivo de esta minifigura

Pieza de la cabeza exclusiva con máscara impresa

ESTRELLA DE FUEGO
Con su pelo rojo fuego y su traje naranja, Estrella de Fuego puede controlar el calor en todas sus formas.

PUÑO DE HIERRO
Este superhéroe, que obtiene sus poderes del corazón de un dragón, canaliza su energía para mejorar sus habilidades, ¡incluida la fuerza sobrehumana!

Emblema de dragón en el pecho

El puño brilla con energía interior

NOVA
Joven superhéroe con poderes cósmicos, la minifigura de Nova viste el uniforme de la policía intergaláctica Cuerpo Nova.

Molde de casco exclusivo con emblema rojo

Los tres discos muestran el rango de Centurión

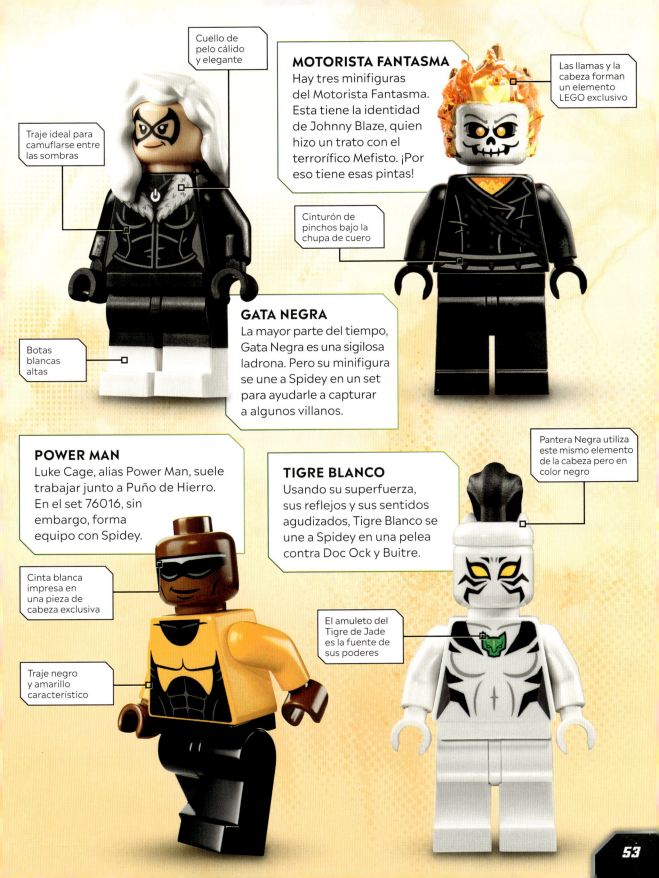

Cuello de pelo cálido y elegante

MOTORISTA FANTASMA
Hay tres minifiguras del Motorista Fantasma. Esta tiene la identidad de Johnny Blaze, quien hizo un trato con el terrorífico Mefisto. ¡Por eso tiene esas pintas!

Las llamas y la cabeza forman un elemento LEGO exclusivo

Traje ideal para camuflarse entre las sombras

Cinturón de pinchos bajo la chupa de cuero

Botas blancas altas

GATA NEGRA
La mayor parte del tiempo, Gata Negra es una sigilosa ladrona. Pero su minifigura se une a Spidey en un set para ayudarle a capturar a algunos villanos.

POWER MAN
Luke Cage, alias Power Man, suele trabajar junto a Puño de Hierro. En el set 76016, sin embargo, forma equipo con Spidey.

TIGRE BLANCO
Usando su superfuerza, sus reflejos y sus sentidos agudizados, Tigre Blanco se une a Spidey en una pelea contra Doc Ock y Buitre.

Pantera Negra utiliza este mismo elemento de la cabeza pero en color negro

Cinta blanca impresa en una pieza de cabeza exclusiva

El amuleto del Tigre de Jade es la fuente de sus poderes

Traje negro y amarillo característico

53

Tony Stark

Nick Furia

Avispa

LUCHAR CONTRA LOS MALOS por tu cuenta es una cosa, ¡pero reunir a un equipo de superhéroes es algo muy distinto! Los héroes más poderosos de la Tierra son prácticamente imparables cuando luchan juntos. Por eso, los señores de la guerra, los alienígenas y los monstruos tiemblan cuando oyen: «¡Vengadores, reuníos!».

UNIVERSO CINEMATOGRÁFICO DE MARVEL

IRON MAN
VENGADOR BLINDADO

EXPERTO MECÁNICO
La mente genial y los conocimientos tecnológicos de Iron Man le permiten reparar vehículos incluso en mitad de una misión peligrosa.

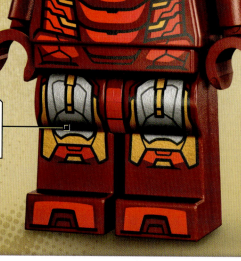

El panel frontal del casco se abre

Pequeños misiles alojados en los compartimentos de los hombros

El reactor de arco le confiere energía continua

Estas rodilleras son una novedad de este traje, la armadura Mark VII

FICHA DE DATOS

PASIÓN: Artilugios de alta tecnología
AVERSIÓN: Que le llamen «Hombre de Metal»
AMIGOS: Los Vengadores, Spiderman
ENEMIGOS: Thanos
APTITUDES: Tecnología, fuerza
EQUIPO: Traje blindado, muchos artilugios

SET: 76248 Quinjet de los Vengadores
AÑO: 2023

¿LO SABÍAS?
La armadura Mark VII se ha recreado en LEGO en tres ocasiones: en 2012 (la primera minifigura de Iron Man de la historia), en 2016 y en esta versión de 2023.

CON SU ICÓNICA armadura roja y dorada, la minifigura de Iron Man defiende la Tierra en decenas de sets LEGO®. Impulsada por el reactor de arco incrustado en su pecho, la armadura de Iron Man ha incorporado muchísimas mejoras a lo largo de los años, al igual que su minifigura.

UNIVERSO CINEMATOGRÁFICO DE MARVEL

TONY STARK
GENIO INVENTOR

¿LO SABÍAS? De las 50 minifiguras de Iron Man, solo unas pocas se muestran sin su armadura. ¡Está claro cuáles son las prioridades de Tony Stark!

DIRECTOR EJECUTIVO de Industrias Stark, Tony Stark es conocido por ser rico, brillante y extrovertido. Puede que haya creado más de 90 armaduras blindadas de Iron Man, pero sus minifiguras a veces aparecen con ropa de diario o, como en este caso, con una sudadera *heavy metal*.

- Su expresión nunca es del todo relajada
- En el diseño de la sudadera se ve un casco LEGO con visera
- Cómodo pantalón gris oscuro

FICHA DE DATOS

PASIÓN: Inventar cosas nuevas, asumir riesgos
AVERSIÓN: Que le digan lo que no debe hacer
AMIGOS: Pepper Potts, Happy Hogan, Nick Furia
ENEMIGOS: Obadiah Stane, Aldrich Killian
APTITUDES: Mente genial
EQUIPO: El laboratorio y los recursos de Industrias Stark

SET: 76194 Iron Man Sakaariano de Tony Stark
AÑO: 2021

FUERA DE SERVICIO
Es raro ver relajado a Tony Stark. Incluso cuando no lleva puesta su armadura de Iron Man, Tony está ocupado trabajando en su laboratorio.

57

MARVEL

IRON MAN SUBMARINO
VENGADOR SUBMARINO

IRON MAN ES CONOCIDO por tener muchos trajes LEGO, ¡pero uno de los más inusuales es un traje de buzo! El Iron Man submarino lucha contra el mal en un solo set de 2016, lo que lo convierte en una minifigura bastante rara. El traje de color verde cuenta con una placa pectoral blindada con reactor de arco e impresiones exclusivas.

- Remaches en la placa frontal
- Reactor de arco impreso en una cubierta LEGO
- Rodilleras de cobre
- Protectores metálicos

FICHA DE DATOS
PASIÓN: Natación
AVERSIÓN: Hydra
AMIGOS: Capitán América
ENEMIGOS: Cráneo Rojo
APTITUDES: Mente estratégica
EQUIPO: Traje de buzo

SET: 76048 Ataque en el Submarino de Cráneo de Hierro | **AÑO:** 2016

UN BUZO AUDAZ
El traje de buzo y las armas incendiarias de Iron Man resultan increíblemente útiles cuando persigue a un buzo de Hydra bajo las olas.

¿LO SABÍAS?
Esta minifigura está formada por nueve piezas (algunas están en la parte de atrás), pero la más apreciada por los coleccionistas es la pieza 1×1 reactor de arco.

MARVEL

IRON MAN ESPACIAL
HÉROE DE GRAVEDAD CERO

La franja azul de los ojos añade un efecto de cómic

Armadura dorada visible bajo el traje espacial

Los paneles de blindaje ofrecen protección en el espacio

AFORTUNADAMENTE para Iron Man, la tecnología de Tony Stark funciona también en el espacio. En este set, Iron Man luce un magnífico traje blanco y un casco exclusivo para la lucha en el espacio exterior. Con elementos metálicos dorados y plateados, filtros de aire y propulsores, ¡esta minifigura es de otro planeta!

FICHA DE DATOS

PASIÓN: Los viajes al espacio
AVERSIÓN: Los mareos
AMIGOS: Capitán América
ENEMIGOS: Hydra
APTITUDES: Vuelo espacial, tecnología avanzada
EQUIPO: Traje espacial con capacidad de propulsión

SET: 76049 Misión Espacial en el Avenjet
AÑO: 2016

LUCHA GALÁCTICA
El Iron Man espacial se lanza a la batalla contra el Thanos espacial. Esperemos que los propulsores de Iron Man estén a la altura de los disparadores de espigas de Thanos.

59

MARVEL

ARMADURAS DE IRON MAN
GALERÍA DE TRAJES

LA MENTE DE TONY STARK no para quieta, llevándole a crear más de 90 armaduras diferentes. Algunas están especializadas para la lucha espacial o bajo el mar (como las de las páginas anteriores), mientras que otras incorporan nuevos artilugios o tecnología futurista. Las armaduras que lucen las minifiguras de esta página se inspiran en las hazañas de Iron Man en los cómics; las de la página siguiente se basan en sus apariciones en el cine.

¿LO SABÍAS?
El Iron Man de la Feria del Juguete es la única minifigura que lleva el casco de Iron Man impreso en la cabeza.

Casco de Iron Man impreso

Es el diseño de torso más sencillo, ¡pero uno de los más populares!

El casco va sobre la pieza transparente de la cabeza

Paneles plateados sobre el traje

Rodilleras con llamas impresas

Armadura gris combinada con brazal rojo

FERIA DEL JUGUETE
Lanzada en la Feria del Juguete de Nueva York de 2012, esta es la primera minifigura de Iron Man, y también la más rara. ¡Se fabricaron solo 125 unidades!

BLAZER
Conocida como «Blazer» por el diseño de llamas de las piernas (*blaze* es «llamarada» en inglés), su casco, cabeza y torso son exclusivos.

TAZER
Esta armadura azul de Iron Man se conoce como «Tazer». También es la única armadura que lleva este tipo de hombrera.

UNIVERSO CINEMATOGRÁFICO DE MARVEL

- Piezas de metal toscas y desiguales
- Manchas de óxido denotan antigüedad
- Ojos azules impresos en el casco
- Reactor de arco triangular, como el de la película
- Reactor de arco grande y brillante

MARK I
Stark construyó su primera armadura de Iron Man con chatarra. Esta minifigura lleva marcas impresas a modo de arañazos y abolladuras.

MARK VI
Este traje apareció por primera vez en *Iron Man 2*, de Marvel Studios, después de que Stark creara un nuevo elemento para su reactor de arco más potente.

MARK XVII
Esta armadura, apodada «Rompecorazones», es una de las favoritas por su detallado estampado. Stark la lleva en *Iron Man 3*, de Marvel Studios.

- La minifigura Látigo Negro lleva esta pieza en color plateado
- Cuchillas ocultas en los brazos
- Traje diseñado para ahorrar energía
- Múltiples minirreactores de arco

MARK XXV
Con el nombre de «Striker», este traje está diseñado para la construcción. Sus brazos, muy potentes, le permiten lanzar a los villano muy lejos.

MARK XXXIII
La minifigura «Centurión de Plata» se compone de 12 elementos separados, entre ellos una pieza exclusiva para la cabeza que muestra a Stark con la cara magullada.

MARK XLVI
Este traje usa nanotecnología, que lo hace más inteligente. Aparece en el filme *Capitán América: Civil War*, de Marvel Studios, en el que el casco plegable resulta muy útil.

61

UNIVERSO CINEMATOGRÁFICO DE MARVEL

CAPITÁN AMÉRICA
STEVE ROGERS: EL HÉROE DE UNA NACIÓN

SÍMBOLO DE ESPERANZA para su país y para el mundo entero, el Capitán América defiende la justicia y el honor. Su minifigura luce con orgullo las barras y estrellas como uno de los principales miembros de los Vengadores. Su superfuerza es legendaria, así como sus firmes opiniones.

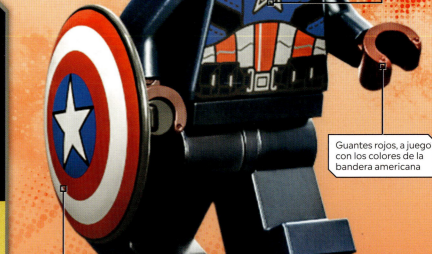

La cabeza de 2023 incluye un casco azul estampado

Motivo de barras y estrellas en el traje

Guantes rojos, a juego con los colores de la bandera americana

El escudo de vibranium es su única arma

FICHA DE DATOS
PASIÓN: La justicia
AVERSIÓN: La falsedad
AMIGOS: Viuda Negra, Halcón
ENEMIGOS: Thanos, Hydra
APTITUDES: Poderes curativos, fuerza, velocidad
EQUIPO: Escudo de vibranium

SET: 76248 Quinjet de los Vengadores
AÑO: 2023

¿LO SABÍAS?
De las 22 minifiguras que hay del Capitán América, solo la versión *Endgame* lleva un traje eminentemente blanco.

GUERRA CIVIL
Los Vengadores no siempre están en el mismo bando. Hubo un tiempo en que el Capi y Iron Man estuvieron enfrentados por la cuestión de si los superhéroes debían hacer públicas sus identidades secretas.

UNIVERSO CINEMATOGRÁFICO DE MARVEL

STEVE ROGERS
HÉROE DEL UNIVERSO ALTERNATIVO

- Esta pieza de cabello la llevan más de cien minifiguras
- El arnés del paracaídas continúa en la espalda
- Torso exclusivo de chaqueta militar
- Pantalones militares estándar

TRAS LA MÁSCARA del Capitán América hay un hombre llamado Steve Rogers. Pero en la serie de Marvel Studios *¿Qué pasaría si…?*, Rogers no se convierte en el primer Vengador, sino Peggy Carter. Esta es la única minifigura que muestra a Steve Rogers con su uniforme estándar de soldado de la Segunda Guerra Mundial.

FICHA DE DATOS

PASIÓN: Música, patriotismo
AVERSIÓN: Los matones
AMIGOS: Bucky Barnes, Peggy Carter
ENEMIGOS: Cráneo Rojo
APTITUDES: Combate, fuerza
EQUIPO: Armas de la II GM

SET: 76201 Capitana Carter y el Meca Gigante de Hydra
AÑO: 2021

ROGERS Y CARTER
En el set 76201, el soldado Steve Rogers une fuerzas con la superheroína favorita de la nación, la Capitana Carter. Juntos luchan contra el malvado Cráneo Rojo y consiguen el poderoso Teseracto.

¿LO SABÍAS?
Puede que Steve Rogers no sea el Capi en esta realidad alternativa, ¡pero su heroísmo y valentía siguen salvando la situación!

63

UNIVERSO CINEMATOGRÁFICO DE MARVEL

CAPITÁN AMÉRICA ZOMBI
UN CAPI ALTERNATIVO

DESPUÉS DE RECIBIR UN MORDISCO de un zombi en la serie de Marvel Studios *¿Qué pasaría si...?*, el Capitán América se transforma. Sus ojos amarillos brillan de rabia mientras se dispone a atacar a sus compañeros. De todas las minifiguras del Capi, ¡esta es la más terrorífica!

- Baba de zombi saliendo de la boca
- Uniforme de Capi sucio y hecho jirones
- Piernas de doble molde en dos colores diferentes

FICHA DE DATOS

PASIÓN: Ser malvado
AVERSIÓN: Los trenes
AMIGOS: Ninguno
ENEMIGOS: Sharon Carter, Bucky Barnes
APTITUDES: Furia zombi
EQUIPO: Escudo (¡aunque se usa contra él!)

SET: 71031-13 LEGO Minifigures Marvel: 1.ª edición
AÑO: 2021

CAZADOR DE ZOMBIS

¡Cuidado, Capi! Spidey Cazazombis viene en la misma colección de minifiguras y lleva la Capa de Levitación del Doctor Extraño.

UNIVERSO CINEMATOGRÁFICO DE MARVEL

CAPITÁN AMÉRICA
UN NUEVO CAPI

Gafas rojas similares a las de la minifigura Halcón

Traje exclusivo estampado con detalles patrióticos

Famoso escudo, ahora empuñado por Wilson

SAM WILSON SOLÍA CONOCERSE como Halcón, pero su minifigura ha adoptado desde hace poco un aspecto nuevo: ¡el del Capitán América! Tras la retirada de Steve Rogers, Wilson se toma su nuevo trabajo muy en serio. Su última minifigura, creada especialmente para este libro, luce una versión exclusiva del traje del Capitán América y empuña su icónico escudo.

FICHA DE DATOS

PASIÓN: Salir a correr
AVERSIÓN: La cháchara
AMIGOS: Steve Rogers, Viuda Negra, Soldado de Invierno
ENEMIGOS: Hydra, Thanos, Karli Morgenthau
APTITUDES: Entrenamiento de combate
EQUIPO: Traje EXO-7 Falcon, escudo de vibranium

SET: Minifigura exclusiva del libro LEGO *Marvel Enciclopedia de personajes* de DK
AÑO: 2024

LISTO PARA VOLAR
Wilson aporta sus propias habilidades a su nuevo papel como Capitán América. Usa su traje de alas de Halcón, ahora en los patrióticos colores rojo, blanco y azul, para volar a la batalla.

65

UNIVERSO CINEMATOGRÁFICO DE MARVEL

MÁQUINA DE GUERRA
GUERRERO BLINDADO

JAMES RHODES, alias Rhodey, es un experto piloto y buen amigo de Tony Stark, pero también es el superhéroe Máquina de Guerra. Su minifigura solía llevar una antigua armadura de Iron Man, pero ahora luce su propia armadura de alta tecnología.

- El casco LEGO se abre, como el de Iron Man
- Traje con poderes de reactor de arco
- Los brazos de la armadura incluyen armas automáticas
- Piernas de la armadura reforzadas

FICHA DE DATOS

PASIÓN: Una cadena de mando adecuada
AVERSIÓN: Que Tony Stark le piratee su ordenador
AMIGOS: Tony Stark, los Vengadores
ENEMIGOS: Obadiah Stane, Thanos
APTITUDES: Fuerza inmensa, experiencia en combate, pericia como piloto
EQUIPO: Armadura de Máquina de Guerra, cañón sónico Stark, misil Ex-Wife

SET: 76216 Armería de Iron Man | **AÑO:** 2022

CAÑÓN DE HOMBRO
Las minifiguras de Máquina de Guerra están armadas con un cañón de hombro. La mayoría dispara piezas LEGO. Esta minifigura, del set 242213, ¡tiene dos armas montadas en el hombro!

UNIVERSO CINEMATOGRÁFICO DE MARVEL

IRON SPIDER
ALTA TECNOLOGÍA ARÁCNIDA

HAY MÁS DE 20 MINIFIGURAS diferentes de Spiderman, ¡pero ninguna es tan multifuncional como Iron Spider! En su nuevo papel de Vengador, este Spiderman lleva un nanotraje blindado que le ha regalado su mentor, Tony Stark. Gracias a la inteligencia artificial, Iron Spider puede controlar el traje solo con su mente.

Cuatro largas pinzas activables mediante IA

Ribete dorado en torno del símbolo de la araña

Tejido nanotecnológico a prueba de balas que resiste las presiones del espacio

HABILIDADES ARÁCNIDAS
Spiderman utiliza todas sus habilidades arácnidas para ayudar a los Vengadores e impedir que Thanos se haga con las Gemas del Infinito.

FICHA DE DATOS

PASIÓN: La nanotecnología
AVERSIÓN: Que le manden a casa durante la batalla
AMIGOS: Los Vengadores
ENEMIGOS: Thanos, Doc Ock
APTITUDES: Poderes arácnidos
EQUIPO: Traje Iron Spider, con paracaídas y misiles

SET: 76108 Duelo en el Sancta Sanctorum
AÑO: 2018

67

UNIVERSO CINEMATOGRÁFICO DE MARVEL

THOR
DIOS DEL TRUENO

SER INMORTAL es un trabajo agotador. El Dios del Trueno y antiguo rey de Asgard también forma parte de los Vengadores y de los Guardianes de la Galaxia. No es de extrañar que Thor estuviera pensando en retirarse. Sin embargo, su minifigura, con su armadura y su capa roja, se niega a descansar cuando gente inocente está en peligro.

Pelos grises en la barba

Armadura de escamas bajo el traje de cuero

Discos reales asgardianos en el torso

Larga capa roja

FICHA DE DATOS

PASIÓN: Ser digno
AVERSIÓN: La rivalidad entre hermanos
AMIGOS: La Poderosa Thor, los Vengadores, los Guardianes de la Galaxia
ENEMIGOS: Hela, Thanos
APTITUDES: Fuerza, resistencia
EQUIPO: Hacha Destructor de Tormentas, Mjolnir (antes)

SET: 76209 Martillo de Thor
AÑO: 2022

MARTILLO MJOLNIR
Thor quedó casi tan destrozado como su martillo Mjolnir cuando este quedó destruido. Pero su nueva arma, el hacha Destructor de Tormentas, está a la altura del martillo.

UNIVERSO CINEMATOGRÁFICO DE MARVEL
LA PODEROSA THOR
PORTADORA DE MJOLNIR

Casco plateado de doble molde con cabello rubio

Armadura asgardiana de intrincado diseño

LA DOCTORA Jane Foster da un paso al frente para defender Nueva Asgard, un acto de valentía que demuestra que es digna de empuñar el legendario martillo de Thor, Mjolnir. Aunque de aspecto parecido a Thor, la armadura y el casco alado de su minifigura son exclusivos.

Detalles plateados impresos en las caderas y las piernas

FICHA DE DATOS
PASIÓN: Tener un buen eslogan de superhéroe
AVERSIÓN: Las citas
AMIGOS: Thor
ENEMIGOS: Gorr
APTITUDES: Fuerza, vuelo, velocidad, reflejos agudos
EQUIPO: Mjolnir

SET: 76207 Ataque sobre Nuevo Asgard
AÑO: 2022

THOR VS. GORR
La Poderosa Thor hace frente a la vengativa Gorr en las Puertas de la Eternidad. Gorr se burla de ella llamándola «Lady Thor», y esta responde destruyendo su necroespada.

UNIVERSO CINEMATOGRÁFICO DE MARVEL

HULK
VENGADOR FURIOSO

GRANDE, VERDE y a veces irascible, Hulk hace su aparición cada vez que el científico Bruce Banner se enfada. La figura LEGO de Hulk es más alta que las minifiguras normales, lo que a menudo asusta lo suficiente como para hacer que se den la vuelta y huyan. Por suerte para los Vengadores, ¡Hulk está de su lado!

Los músculos forman parte del molde del torso

Par de puños poderosos

FICHA DE DATOS

PASIÓN: Romper cosas
AVERSIÓN: La ropa ajustada
AMIGOS: Los Vengadores
ENEMIGOS: Loki, Thanos
APTITUDES: Fuerza y resistencia inmensas
EQUIPO: No lo necesita

SET: 76131 Batalla en el Complejo de los Vengadores
AÑO: 2019

¡HULK APLASTA!
Hulk ejecuta su legendario movimiento «Hulk aplasta» contra Thanos mientras defiende el complejo de los Vengadores. ¡Uh, eso va a doler!

UNIVERSO CINEMATOGRÁFICO DE MARVEL

BRUCE BANNER
CIENTÍFICO BRILLANTE

Impresión de rostro exclusiva, con cara seria de Banner

¿LO SABÍAS?
Hay dos minifiguras de Bruce Banner, ambas con un rostro alternativo con expresión enfadada y ojos verdes amenazantes.

BRUCE BANNER es exactamente lo opuesto a Hulk: un genio de voz suave. Su minifigura prefiere sumergirse en sus investigaciones de laboratorio que saltar al campo de batalla, aunque, para su desgracia, esa elección no siempre depende de él.

Chaqueta sobre camisa a cuadros

HULKBUSTER
Unidos por su genialidad, Bruce Banner y Tony Stark se hacen amigos. Stark acaba creando la armadura Hulkbuster, que ayuda a Banner a controlar su ira.

FICHA DE DATOS

PASIÓN: La música clásica, la ciencia
AVERSIÓN: Enfadarse
AMIGOS: Natasha Romanoff, Tony Stark
ENEMIGOS: Loki
APTITUDES: Superintelecto
EQUIPO: Ninguno

SET: 76247 Hulkbuster: Batalla de Wakanda
AÑO: 2023

UNIVERSO CINEMATOGRÁFICO DE MARVEL

VIUDA NEGRA
SUPERESPÍA

NATASHA ROMANOFF, aunque fue entrenada como sicaria, es miembro fundador de los Vengadores. Su minifigura, siempre dispuesta a la acción, emplea sus conocimientos en artes marciales para vencer a los enemigos de la Tierra en más de 15 sets LEGO.

¿LO SABÍAS?
Las minifiguras de Viuda Negra siempre llevan trajes de combate, menos una. En el Calendario de Adviento de los Vengadores LEGO Marvel de 2023 lleva un jersey navideño.

El diseño del torso y las piernas es exclusivo de esta minifigura

Franja azul en el traje

Traje de la película *Vengadores: La era de Ultrón*

FICHA DE DATOS

PASIÓN: La honestidad
AVERSIÓN: Ser subestimada
AMIGOS: Bruce Banner, Ojo de Halcón, los Vengadores
ENEMIGOS: Thanos, Supervisor, Ultrón
APTITUDES: Combate, espionaje, especialista en armas
EQUIPO: Bastones gemelos

SET: 76260 Motos de Viuda Negra y el Capitán América
AÑO: 2023

AS DE LA CONDUCCIÓN
Una de sus muchas habilidades es la conducción de motos, como se demuestra cuando persigue a los soldados de Ultrón.

72

UNIVERSO CINEMATOGRÁFICO DE MARVEL

OJO DE HALCÓN
EXPERTO TIRADOR

EL ESPÍA CONVERTIDO en Vengador Clint Barton siempre da en el blanco. Su habilidad y precisión con el arco le han valido el nombre de Ojo de Halcón. Su minifigura lleva un carcaj lleno de flechas, desde rudimentarios proyectiles hasta cohetes de alta tecnología. Preparados, apunten, ¡fuego!

Emblema de SHIELD en el chaleco

Este guante protege la mano que tira de la cuerda del arco

Bolsillos y correas impresos en el traje

FICHA DE DATOS

PASIÓN: Mantener su vida laboral y familiar separadas
AVERSIÓN: Los ejércitos de robots
AMIGOS: Viuda Negra, Bruja Escarlata, los Vengadores
ENEMIGOS: Loki, Ultrón, Thanos
APTITUDES: Tirador experto
EQUIPO: Arco y flechas

SET: 76269 Torre de los Vengadores | **AÑO:** 2023

A TODO GAS
Si Ojo de Halcón es de sobras conocido por su puntería, en el set 76067 lleva su habilidad a un nuevo nivel, ¡apuntando desde una moto a toda velocidad!

73

UNIVERSO CINEMATOGRÁFICO DE MARVEL

HALCÓN
VENGADOR ALADO

EL VETERANO DEL EJÉRCITO SAM WILSON conoce a Steve Rogers corriendo por un parque ¡y pronto se convierte en un miembro clave de los Vengadores! Su minifigura lleva un traje de alas blindado de sus días como soldado.

Las alas encajan en el cuello

¿LO SABÍAS?
Halcón se une a los Vengadores en varios sets LEGO, ¡pero su minifigura es distinta en cada uno de ellos!

Las alas son una única pieza sólida

FICHA DE DATOS

PASIÓN: Luchar por su país
AVERSIÓN: El rencor
AMIGOS: Steve Rogers, los Vengadores
ENEMIGOS: Hydra, Calavera, Thanos
APTITUDES: Entrenamiento de combate
EQUIPO: Traje EXO-7, gafas rojas

SET: 76050 Peligroso Golpe de Calavera
AÑO: 2016

VOLANDO ALTO
Las alas de Halcón le dan una ventaja innegable en la lucha. Incluso vienen con un dron desmontable en la parte trasera, al que Halcón llama Ala Roja.

UNIVERSO CINEMATOGRÁFICO DE MARVEL
VISIÓN
VENGADOR ANDROIDE

La Gema de la Mente es lo que da poder a Visión

Capa y broches impresos en el torso

VISIÓN es un superhéroe sin igual: su cuerpo está hecho de vibranium y células humanas, y lleva la Gema de la Mente incrustada en la frente. Desde luego, su minifigura también es única: con piernas transparentes, llamativos detalles impresos y capa elástica. ¡Es de otro planeta!

El traje puede transformarse a voluntad

Capa exclusiva con la parte de abajo transparente

ALGO EN MENTE
Visión se dirige a Wakanda cuando Thanos está tratando de hacerse con las Gemas del Infinito. Allí, Shuri se enfrenta a una misión peliaguda: extraer la Gema de la Mente de Visión sin destruir su mente.

FICHA DE DATOS
PASIÓN: Ser educado, la lógica
AVERSIÓN: La destrucción
AMIGOS: Bruja Escarlata, los Vengadores
ENEMIGOS: Ultrón, Thanos
APTITUDES: Vuelo, transformación de la materia
EQUIPO: La Gema de la Mente

SET: 76269 Torre de los Vengadores | **AÑO:** 2023

UNIVERSO CINEMATOGRÁFICO DE MARVEL

WANDA MAXIMOFF
BRUJA ESCARLATA

BRUJA ESCARLATA Y VISIÓN
Wanda y Visión construyen una vida feliz en la serie *Bruja Escarlata y Visión*, de Marvel Studios, pero no todo es lo que parece. ¡Wanda ha estado cambiando su propia realidad!

Su otra cara tiene los ojos rojos y brillantes

Collar con piedra negra

Todas sus minifiguras llevan esta chaqueta roja de cuero

Pieza de tela creada para esta minifigura

FICHA DE DATOS

PASIÓN: Su familia
AVERSIÓN: Cometer errores
AMIGOS: Visión, Ojo de Halcón, Pietro Maximoff
ENEMIGOS: Doctor Extraño, Thanos, Ultrón
APTITUDES: Alteración de la realidad, control mental, explosiones de energía
EQUIPO: Ninguno

SET: 76266 Batalla Final de Endgame
AÑO: 2023

WANDA MAXIMOFF ES TAN PODEROSA que puede cambiar la realidad. Esto era genial para los Vengadores… cuando Wanda estaba de su lado, claro. Pero una terrible tragedia lo cambia todo. Ahora Wanda se hace llamar Bruja Escarlata, ¡y su minifigura causa estragos en todo el multiverso!

UNIVERSO CINEMATOGRÁFICO DE MARVEL

PIETRO MAXIMOFF
QUICKSILVER

- Pieza de cabello exclusiva de Quicksilver
- Barba incipiente estampada en la cabeza
- Músculos visibles a través de la fina tela del traje
- Pantalones de correr resistentes y flexibles

PIETRO MAXIMOFF CORRE hacia la vida de los Vengadores tan rápido que se confunde con un borrón. Usa su supervelocidad para proteger a los ciudadanos de Sokovia y a su hermana gemela, Wanda. Solo aparece en una película de Marvel. De igual modo, su minifigura solo aparece en un set LEGO.

¿LO SABÍAS?
Pietro y Wanda obtuvieron sus poderes tras participar en experimentos llevados a cabo por el barón Von Strucker de Hydra.

DE ENEMIGO A HÉROE
Antes de formar equipo con los Vengadores para acabar con Ultrón, Pietro no era nada fan del grupo. De hecho, los atacó en un bosque nevado.

FICHA DE DATOS

PASIÓN: Defender a su país
AVERSIÓN: La guerra
AMIGOS: Wanda Maximoff
ENEMIGOS: Ultrón
APTITUDES: Supervelocidad
EQUIPO: Ninguno

SET: 76041 Golpe a la Fortaleza de Hydra
AÑO: 2015

77

UNIVERSO CINEMATOGRÁFICO DE MARVEL

PANTERA NEGRA
ANTIGUO REY DE WAKANDA

CON SU TRAJE DE ÚLTIMA GENERACIÓN, Pantera Negra está lista para defender al pueblo de Wakanda y a la Tierra. Uniendo fuerzas con los Vengadores, ofrece la tecnología y los recursos de su reino para ayudar a salvar vidas.

- Cabeza exclusiva de esta minifigura
- El collar de garras genera el traje y la máscara
- Brillo púrpura cuando el traje absorbe energía
- Traje fabricado con vibranium
- Garras de vibranium ocultas en los dedos del traje

FICHA DE DATOS

PASIÓN: Proteger su reino
AVERSIÓN: La venganza
AMIGOS: Shuri, Nakia, los Vengadores
ENEMIGOS: Erik Killmonger, Thanos
APTITUDES: Sentidos, velocidad y fuerza mejorados
EQUIPO: Traje de Pantera Negra, armas de vibranium

SET: 76186 Dragon Flyer de Black Panther
AÑO: 2021

UN LÍDER INTRÉPIDO
Pantera Negra predica con el ejemplo. En el set 76103, es el primero en lanzarse a la batalla, cuando el ejército de Wakanda se defiende de las fuerzas invasoras de Thanos.

¿LO SABÍAS?
El rostro de T'Challa, el hombre tras la máscara de Pantera Negra, aparece en una minifigura de *¿Qué pasaría si...?*, ¡que lo muestra en el papel de Starlord!

78

UNIVERSO CINEMATOGRÁFICO DE MARVEL

PANTERA NEGRA
GOBERNANTE DE WAKANDA

¿LO SABÍAS?
En el set 76214, el traje de Pantera Negra de Shuri viene con una cabeza alternativa, que muestra el rostro de Shuri. También incluye su característica pieza de cabello.

TRAS LA MUERTE de su hermano, la científica e inventora Shuri se convierte en la nueva Pantera Negra. Su minifigura luce un nuevo traje de Pantera Negra mientras se dispone a detener a un peligroso enemigo submarino.

Motivos de Wakanda adornan el detallado traje

Vistosos detalles en oro y vibranium

El tejido antibalas proporciona protección en la batalla

Zapatos que absorben el sonido

FICHA DE DATOS

PASIÓN: La cultura americana
AVERSIÓN: La ropa incómoda
AMIGOS: T'Challa, Okoye
ENEMIGOS: Namor, Attuma
APTITUDES: Conocimientos tecnológicos; sentidos, velocidad y fuerza mejorados
EQUIPO: Guanteletes de vibranium

SET: 76214 Black Panther: Guerra en las Aguas
AÑO: 2022

PRINCESA GUERRERA
Shuri siempre ha luchado por la justicia como científica e inventora, y ahora también como guerrera. Antes de enfundarse el traje de Pantera Negra, su minifigura iba a la batalla con ropas tradicionales de Wakanda.

79

UNIVERSO CINEMATOGRÁFICO DE MARVEL

ANT-MAN
UN SUPERHÉROE QUE CAMBIA DE TAMAÑO

EL TRAJE ESPECIAL DE ANT-MAN le permite crecer o encogerse hasta alcanzar el tamaño de una hormiga. Al principio, Scott Lang usa sus nuevos poderes para robar cosas, pero luego los emplea para derrotar a los villanos. ¡A menudo, su minifigura es tan pequeña que los enemigos ni siquiera le ven venir!

El traje de alta tecnología le protege contra los peligrosos efectos del cambio de tamaño

Los botones de los guantes activan la función de encogimiento

Frasco de partículas Pym, que permiten a Ant-Man cambiar de tamaño

FICHA DE DATOS

PASIÓN: Los trucos de magia, el karaoke
AVERSIÓN: Las ratas, que el traje funcione mal
AMIGOS: Avispa, los Vengadores
ENEMIGOS: Chaqueta Amarilla, Fantasma, Thanos, Kang
APTITUDES: Manipulación del tamaño, sigilo, mente táctica
EQUIPO: Traje de Ant-Man, partículas Pym

SET: 76109 Exploradores del Reino Cuántico
AÑO: 2018

EXPLORADOR CUÁNTICO
Ant-Man puede encogerse más que nadie y acaba en el Mundo Cuántico. Explora este peligroso lugar en un vehículo cuántico insectoide.

UNIVERSO CINEMATOGRÁFICO DE MARVEL

AVISPA
PEQUEÑA SUPERHEROÍNA VOLADORA

El casco activa la función de encogimiento del traje

Patrón hexagonal en las placas de la armadura

Alas de plástico flexible creadas para esta minifigura

HOPE VAN DYNE es la hija de Hank Pym, creador de las partículas Pym y del traje de Ant-Man. Hope enseña a Scott Lang a usar sus poderes de encogimiento y se pone su propio traje como Avispa. Al igual que Ant-Man, puede reducirse a un tamaño diminuto. Sin embargo, como a su minifigura le encanta recordarle a Ant-Man, también puede volar gracias a las alas de alta tecnología de su traje.

FICHA DE DATOS

PASIÓN: Burlarse de Ant-Man
AVERSIÓN: Que no la inviten a participar en la lucha
AMIGOS: Ant-Man, Hank Pym
ENEMIGOS: Chaqueta Amarilla, Fantasma, Kang
APTITUDES: Manipulación del tamaño, vuelo
EQUIPO: Traje de Avispa

SET: 76269 Torre de los Vengadores | **AÑO:** 2023

CAMBIO DE TAMAÑO
Tanto Ant-Man como Avispa tienen diferentes formas LEGO. Aquí, Scott Lang se convierte en una enorme figura construible mientras la minifigura de Avispa revolotea a su lado.

81

UNIVERSO CINEMATOGRÁFICO DE MARVEL

DOCTOR EXTRAÑO
MAESTRO DE LAS ARTES MÍSTICAS

La capa de goma es más resistente que las capas de tela normales

HECHIZO DESAFIANTE
Como Maestro de las Artes Místicas, el Doctor Extraño conoce todo tipo de hechizos, aunque le cuesta contener el más reciente dentro de la Máquina de Kadavas.

Poderoso Ojo de Agamotto

FICHA DE DATOS

PASIÓN: Tener razón
AVERSIÓN: La gente que cuestiona su inteligencia
AMIGOS: América Chávez, Wong
ENEMIGOS: Mordo, Thanos
APTITUDES: Abrir portales, lanzar hechizos
EQUIPO: Anillo de Honda, Capa de Levitación

SET: 76205 Desafío de Gargantos
AÑO: 2022

Anillo de Honda sujeto al cinturón

¿LO SABÍAS?
El Doctor Extraño ha creado un vínculo único con la Capa de Levitación, que le permite flotar en el aire.

EXTRAÑO POR NOMBRE y por naturaleza, el Doctor Extraño acepta que sus acciones en el multiverso no gustarán a todo el mundo. Con el misterioso Ojo de Agamotto, un Anillo de Honda que abre portales y la Capa de Levitación, su minifigura está equipada para cualquier extraña aventura que le aguarde.

UNIVERSO CINEMATOGRÁFICO DE MARVEL

OTROS DOCTOR EXTRAÑO
EXTRAÑAS VARIANTES DEL HECHICERO

HAY UN DOCTOR EXTRAÑO en cada realidad, pero no todos son iguales. Estas minifiguras tienen algunas similitudes con el Doctor Extraño «normal», pero también algunas diferencias muy notables.

EXTRAÑO MUERTO
Este Extraño tiene un tono de piel aún más preocupante, y sus ropas están desgarradas de cuando fue destruido por un demonio.

EXTRAÑO SINIESTRO
Corrompido por el poder de la magia Darkhold, este Extraño tiene un rostro similar al Extraño «normal», pero de un tono amarillo enfermizo.

- La otra cara muestra un tercer ojo
- Perilla desaliñada
- Los ojos brillan con energía zombi
- Piel gris
- El Extraño Siniestro viste colores oscuros y no lleva capa
- Las minifiguras «normales» del Extraño también llevan estas piernas
- Ropa hecha jirones

83

UNIVERSO CINEMATOGRÁFICO DE MARVEL

STARLORD
FORAJIDO ESPACIAL

PETER QUILL creció como parte del clan pirata de los Saqueadores, pero ahora asume su papel como líder de los Guardianes de la Galaxia. Los Guardianes no son un equipo cualquiera, y Starlord no es un líder cualquiera. Pilota su nave espacial mientras cuenta chistes y toca música retro.

- Cabeza con barba incipiente y hoyuelos en la barbilla
- Uniforme basado en la tercera película de *Guardianes de la Galaxia*
- Arnés de vuelo esencial para los viajes espaciales
- Guantes de cuero resistentes

FICHA DE DATOS

PASIÓN: La música alta
AVERSIÓN: Aburrirse
AMIGOS: Los Guardianes de la Galaxia
ENEMIGOS: Ronan, Thanos, Alto Evolucionador
APTITUDES: Pilotaje, pensamiento innovador
EQUIPO: Casco, bláster Quad

SET: 76253 Base de los Guardianes de la Galaxia
AÑO: 2023

¿LO SABÍAS?
La minifigura de Starlord comparte la cabeza con las de Owen Grady de LEGO® Jurassic World™: ambas se inspiran en Chris Pratt, el actor que interpreta a ambos personajes.

CASCO ESPACIAL
Tres versiones anteriores de la minifigura de Starlord (incluida esta de 2014) venían con un casco espacial para respirar en entornos alienígenas.

UNIVERSO CINEMATOGRÁFICO DE MARVEL

GAMORA
VERDE Y MALVADA

ARMA ELEGIDA
Gamora empuña una espada plegable. Aunque fue un regalo de Thanos, ahora Gamora la usa para luchar contra él.

- Pieza de cabello exclusiva de Gamora
- Abrigo de cuero como el que lleva en *Vengadores: Infinity War*
- Chaleco de cuero con tachuelas
- Los detalles del abrigo continúan en las piernas

FICHA DE DATOS

PASIÓN: Hacer su trabajo
AVERSIÓN: Parecer tonta
AMIGOS: Starlord, Nébula
ENEMIGOS: Thanos
APTITUDES: Combate, artes marciales
EQUIPO: Espada

SET: 76107 Thanos: Batalla Definitiva
AÑO: 2018

¿LO SABÍAS?
Gamora y su hermana adoptiva, Nébula, tienen una historia complicada. No es de extrañar que solo aparezcan juntas en un set LEGO.

GAMORA, asesina con mejoras cibernéticas, estuvo del lado de su padre adoptivo, Thanos, antes de unirse a los Guardianes de la Galaxia. Sus habilidades de combate resultan muy útiles cuando intenta impedir que Thanos encuentre las Gemas del Infinito.

85

UNIVERSO CINEMATOGRÁFICO DE MARVEL

MAPACHE COHETE
GUARDIÁN FEROZ Y PELUDO

PUEDE QUE MAPACHE COHETE sea el miembro más achuchable de los Guardianes, ¡pero eso no le impide hacer explotar todo lo que encuentra a su paso! Aunque puede ser temerario, Mapache Cohete siempre está pensando… en un nuevo plan, un nuevo invento o una nueva forma de hacerse rico. Al final, sin embargo, siempre vela por su equipo.

Emblema de los Saqueadores

El elemento de la cola se acopla entre el torso y las piernas

FICHA DE DATOS

PASIÓN: El sarcasmo, explotar cosas
AVERSIÓN: Mostrar emociones
AMIGOS: Groot, los Guardianes de la Galaxia
ENEMIGOS: Ayesha, Thanos, Alto Evolucionador
APTITUDES: Genio de la tecnología, pilotaje, intelecto
EQUIPO: Ninguno

SET: 76278 Warbird de Rocket vs. Ronan
AÑO: 2024

MAPACHE BEBÉ
El simpático Mapache Cohete bebé viene en el set 76254. Aquí escapa de su malvado creador, el Alto Evolucionador.

86

UNIVERSO CINEMATOGRÁFICO DE MARVEL

GROOT
PEQUEÑO GUARDIÁN

- Piel parecida a la corteza, siempre creciendo
- Le crece musgo en el cuerpo
- Traje de los Saqueadores con cremallera en talla XXS

¿LO SABÍAS?
Groot ha adoptado muchas formas LEGO, como figuras construibles y también minifiguras y microfiguras de diferentes tamaños.

GROOT SE UNIÓ a los Guardianes de la Galaxia siendo adulto, pero decidió sacrificarse para salvar al equipo. Su minifigura renace como Bebé Groot, con piernas cortas, una adorable expresión infantil ¡y ningún recuerdo de su vida anterior!

FICHA DE DATOS
PASIÓN: Decir «¡Yo soy Groot!», bailar
AVERSIÓN: Quien alguien ataque a sus amigos
AMIGOS: Mapache Cohete, los Guardianes de la Galaxia
ENEMIGOS: Ronan, Thanos, Alto Evolucionador
APTITUDES: Rápido crecimiento corporal, superfuerza, resistencia
EQUIPO: Ninguno

SET: 76282 Rocket y Bebé Groot
AÑO: 2024

UNA ESPECIE RARA
Groot pertenece a la especie *Flora colossus*. Sus otras minifiguras llevan impresas enredaderas retorcidas, corteza y restos de musgo.

87

UNIVERSO CINEMATOGRÁFICO DE MARVEL

DRAX
EL DESTRUCTOR

CUANDO DRAX se unió a los Guardianes de la Galaxia, estaba lleno de ira. Ahora canaliza su rabia para hacer el bien, y su minifigura luce con orgullo el uniforme rojo y azul de los Guardianes. Leal, intrépido y extremadamente fuerte, Drax lucha junto a su equipo en muchas misiones heroicas. Enemigos, ¡cuidado!

Todas las minifiguras de Drax llevan estas marcas en la cara

Emblema de los Saqueadores

Traje de vuelo con arnés y bolsillos estampados

FICHA DE DATOS

PASIÓN: Defender a gente inocente
AVERSIÓN: Bailar
AMIGOS: Mantis, los Guardianes de la Galaxia
ENEMIGOS: Ronan el Acusador
APTITUDES: Fuerza, curar
EQUIPO: Dagas

SET: 76255 Nave de los Nuevos Guardianes
AÑO: 2023

LUCHA SIN IGUAL
Drax blande sus famosas dagas contra Adam Warlock, que sorprende a los Guardianes en su cuartel general de Sapiencial.

¿LO SABÍAS?
De las cuatro minifiguras de Drax, dos tienen la piel gris y las otras dos la tienen verde. La piel verde se acerca más al aspecto de Drax en los cómics.

UNIVERSO CINEMATOGRÁFICO DE MARVEL

MANTIS
SERENA COMPAÑERA DE TRIPULACIÓN

Las antenas forman parte de la cabeza

El estampado del traje continúa en la espalda

Usa el tacto para calmar a los demás

MANTIS ES CAPAZ DE SENTIR y manipular los sentimientos de los demás. Esta habilidad irrita mucho a los malos cuando, en medio de la batalla, Mantis hace que se duerman, se pongan a bailar o crean que son lindos gatitos. ¡Incluso Thanos desearía que se largara!

Las hebillas de cobre son exclusivas de esta versión de Mantis

FICHA DE DATOS

PASIÓN: Tener amigos
AVERSIÓN: Que la ignoren
AMIGOS: Drax, los Guardianes de la Galaxia
ENEMIGOS: Ego, Thanos
APTITUDES: Detectar sentimientos, ayudar a dormir
EQUIPO: Ninguno

SET: 76193 Nave de los Guardianes
AÑO: 2021

PARTE DEL EQUIPO
Mantis tuvo una infancia solitaria, así que está encantada de formar parte de los Guardianes de la Galaxia. Se une al equipo en cuatro sets LEGO, incluso a bordo de su nave naranja de clase M.

UNIVERSO CINEMATOGRÁFICO DE MARVEL

CAPITANA MARVEL
SUPERHEROÍNA CÓSMICA

CONSIDERADA UNO DE LOS SERES más poderosos del universo, la Capitana Marvel obtuvo sus poderes del mismísimo Teseracto. Su minifigura es capaz de volar por el espacio, aprovechar la energía cósmica y destruir el acorazado de Thanos ella sola. ¡Increíble!

FICHA DE DATOS

PASIÓN: El béisbol, el rock
AVERSIÓN: Que la engañen
AMIGOS: Los Vengadores, Nick Furia
ENEMIGOS: Thanos, los krees
APTITUDES: Energía cósmica, habilidades de pilotaje, vuelo espacial, resistencia mejorada
EQUIPO: Ninguno

SET: 76237 Santuario II: Batalla de Endgame
AÑO: 2021

- Tejido apto para viajes espaciales
- Traje de vuelo protector Starforce
- Las correas imitan su aspecto del cómic

¿LO SABÍAS?
La Capitana Marvel es la única superheroína que ha obtenido sus poderes del Teseracto.

EXPLOSIONES DE PODER
La Capitana Marvel muestra su hábil control de la energía cósmica en el set 76237. Su minifigura viene con un montón de accesorios de «energía cósmica» de color naranja transparente que seguro que harán que Thanos corra a esconderse.

UNIVERSO CINEMATOGRÁFICO DE MARVEL

HULKA
TODA UNA ABOGADA

Pieza de cabello de color verde exclusiva de Hulka

JEN WALTERS SE VE EXPUESTA a la sangre de su primo Bruce Banne durante un accidente de coche. A esta abogada de altos vuelos no le hace mucha gracia la idea de transformarse en Hulka en cualquier momento. A diferencia de Hulk, su forma LEGO no es una figura grande, sino una minifigura verde brillante con una sonrisa pícara.

El traje de Hulka es muy resistente y se adapta a los cambios corporales

Botas blancas altas

FICHA DE DATOS

PASIÓN: Dar a todos una oportunidad
AVERSIÓN: El maquillaje, la radiación gamma
AMIGOS: Bruce Banner, Lulu
ENEMIGOS: Titania
APTITUDES: Superfuerza, resistencia, confianza, inteligencia
EQUIPO: Traje de Hulka

SET: 71039-13 LEGO Minifigures Marvel: 2.ª edición
AÑO: 2023

CUESTIÓN DE DETALLES
La minifigura de Hulka viene con un montón de detalles increíbles, como los dibujos impresos en brazos y piernas. Además, lleva un expediente judicial y un teléfono móvil: ¡Hulka, te está llamando Wong!

Taserface

CAPÍTULO TRES
VILLANOS

Bruja Escarlata

Ultrón

¡EL UNIVERSO está plagado de villanos! Criminales de poca monta se enfrentan entre sí, mientras que robots, dioses y señores de la guerra conspiran para aniquilar mundos enteros. Aunque los superhéroes les hacen frente una y otra vez, después de cada derrota se preguntan: ¿quién atacará a continuación?

UNIVERSO CINEMATOGRÁFICO DE MARVEL

OBADIAH STANE
DESPIADADO HOMBRE DE NEGOCIOS

LA MINIFIGURA DE OBADIAH STANE, ataviada con un elegante traje, parece un afable hombre de negocios, ¡aunque es todo menos eso! El director general de Industrias Stark quiere hacerse con el control de la empresa y, de paso, deshacerse de Tony Stark.

- No lleva pieza de cabello porque es calvo
- Barba encanecida bien arreglada
- Cadena de oro macizo
- Traje de tres piezas para impresionar en las reuniones

FICHA DE DATOS

PASIÓN: El dinero
AVERSIÓN: Ser el segundo al mando
AMIGOS: Ninguno
ENEMIGOS: Tony Stark
APTITUDES: Los negocios, ambición, conocimiento de Industrias Stark
EQUIPO: Traje Iron Monger

SET: 76190 Iron Man: Caos de Iron Monger
AÑO: 2021

IRON MONGER
Stane se esconde bajo la armadura del villano Iron Monger. El traje blindado está inspirado en Iron Man, pero es mucho más grande: lo suficiente para que quepa dentro la minifigura de Stane.

UNIVERSO CINEMATOGRÁFICO DE MARVEL

LÁTIGO NEGRO
RIVAL CELOSO

IVAN VANKO cree que debería tener todo lo que tiene Tony Stark porque sus padres fueron socios, así que crea un traje blindado para su minifigura, impulsado por su propia versión del reactor de arco. Luego se dispone a enfrentarse a su némesis, Iron Man.

¿LO SABÍAS?
Aunque la armadura de Vanko está inspirada en la de Iron Man, no llega a estar a su altura: el casco LEGO® ni siquiera se abre de la misma forma.

Hombreras blindadas

Armadura plateada llena de rozaduras

El reactor de arco suministra energía a los cables

Armadura Mark II

Tecnología de anclaje en los pies

FICHA DE DATOS

PASIÓN: La venganza
AVERSIÓN: Tony Stark
AMIGOS: Justin Hammer
ENEMIGOS: Iron Man, Máquina de Guerra
APTITUDES: Conocimientos científicos y de ingeniería
EQUIPO: Látigos electrificados

SET: 76216 Armería de Iron Man | **AÑO:** 2022

¡ELECTRIZANTE!
Aunque los látigos de LEGO de Ivan Vanko son perfectamente seguros, en la película llegan incluso a aturdir a Iron Man.

UNIVERSO CINEMATOGRÁFICO DE MARVEL

ALDRICH KILLIAN
ENEMIGO PODEROSO

SI NO FUERA POR LA CABEZA de su minifigura, que brilla en la oscuridad, Aldrich Killian parecería un director general normal y corriente. Sujeto de pruebas de su propio suero Extremis, Killian es un enemigo terrible gracias a sus habilidades curativas y a sus poderes para escupir fuego.

Su otra cara muestra venas rojas abultadas

Elegante traje a juego con su puesto

Torso estampado con detalles de camisa abotonada

FICHA DE DATOS

PASIÓN: La ciencia, el poder
AVERSIÓN: Fallar
AMIGOS: Maya Hansen
ENEMIGOS: Iron Man, Máquina de Guerra
APTITUDES: Poderes extremos, mente de genio
EQUIPO: Ninguno

SET: 76006 Iron Man: Combate en el Puerto por el Extremis | **AÑO:** 2013

¿LO SABÍAS?
Aunque la piel de Killian no brilla en la oscuridad en la película *Iron Man 3*, de Marvel Studios, sí lo hace desde dentro cuando usa sus ardientes poderes.

BATALLA NAVAL
La minifigura de Killian solo aparece en un set LEGO, y lo hace luchando contra Iron Man y Máquina de Guerra desde una lancha.

UNIVERSO CINEMATOGRÁFICO DE MARVEL

TREVOR SLATTERY
FALSO VILLANO

Lleva el mismo cabello (pero de distinto color) que su jefe, Aldrich Killian

Cabeza exclusiva de Slattery

TREVOR SLATTERY es un actor mediocre, ¡pero su minifigura está vestida para el papel de su vida! Su disfraz inventado es el de un villano imaginario que Slattery finge ser bajo las órdenes de Aldrich Killian. Cuando se descubre la verdad, Slattery resulta ser de todo menos peligroso.

La túnica verde y dorada continúa desde el torso hasta las piernas

FICHA DE DATOS

PASIÓN: La fama
AVERSIÓN: Las lesiones faciales
AMIGOS: Aldrich Killian
ENEMIGOS: Tony Stark
APTITUDES: Actuación, habilidades como traductor
EQUIPO: Equipo audiovisual

SET: 76007 Iron Man: Ataque a la Mansión de Malibú
AÑO: 2013

NOTICIAS FALSAS
En el set 76007, un soldado de Extremis lleva a Slattery a la mansión que Tony Stark tiene en Malibú. Aquí, el actor graba otro vídeo falso para la prensa.

UNIVERSO CINEMATOGRÁFICO DE MARVEL

AGENTE DE HYDRA
ESBIRRO ODIOSO

EN UN BOSQUE DE SOKOVIA, hordas de agentes de Hydra defienden su base de los Vengadores. A pesar de su sonrisa confiada, ¡esta minifigura está a punto de descubrir lo poderoso que puede ser el puñetazo de un Hulk enfadado!

Emblema de Hydra también en la espalda

Bolsa para llevar munición de repuesto y, a veces, aperitivos

Pesado chaleco antibalas

Camuflaje de nieve ideal para el gélido paisaje de Sokovia

FICHA DE DATOS

PASIÓN: Los gorros calentitos
AVERSIÓN: Pasar frío
AMIGOS: Hydra, barón Von Strucker
ENEMIGOS: Vengadores
APTITUDES: Combate cuerpo a cuerpo, obediencia
EQUIPO: Armas chitauri

SET: 76189 Capitán América contra Hydra
AÑO: 2021

MEJORA COMPLETA
Algunos soldados de Hydra están mejorados con tecnología chitauri, que incluye implantes y armadura cibernéticos.

¿LO SABÍAS?
Hay otras dos minifiguras de Hydra, y ambas visten de verde, pues así aparecen en Marvel Comics. Una de ellas lleva una escafandra.

UNIVERSO CINEMATOGRÁFICO DE MARVEL

ULTRÓN
MONSTRUO METÁLICO

Restos del casco de la Legión de Hierro

¿LO SABÍAS?
Ultrón intentó construirse un cuerpo de vibranium fusionado con tejido vivo, pero los Vengadores se le adelantaron. Así nació el héroe Visión.

SER DE INTELIGENCIA ARTIFICIAL, Ultrón ansía la destrucción global… y también derrotar a Iron Man. Su minifigura tiene varias versiones que reflejan la búsqueda de Ultrón por crear el cuerpo perfecto. Esta minifigura de 2023 muestra el primer cuerpo de Ultrón, improvisado con trozos de metal en el laboratorio de los Vengadores.

Emblema de los Vengadores

Restos de metal en el cuerpo

Piezas del laboratorio

FICHA DE DATOS

PASIÓN: Hacerse más fuerte
AVERSIÓN: Los humanos
AMIGOS: Centinelas de Ultrón
ENEMIGOS: Iron Man, Visión, los Vengadores, la humanidad
APTITUDES: Vastos conocimientos, vuelo, tecnología repulsora
EQUIPO: Armas chitauri

SET: 76269 Torre de los Vengadores | **AÑO:** 2023

FUERA DE CONTROL
Ultrón fue creado por Stark usando datos de la Gema de la Mente: pensó que formaría parte de un programa de mantenimiento de la paz, ¡pero el ejército de Ultrón acaba sembrando el caos!

99

UNIVERSO CINEMATOGRÁFICO DE MARVEL

CALAVERA
ENEMIGO FURIOSO

EL ANTIGUO AGENTE DE SHIELD (pero en realidad, espía de Hydra) Brock Rumlow engañó a todo el mundo durante un tiempo. Pero su nuevo nombre, Calavera, deja muy claras sus infames intenciones. Su minifigura, con una espeluznante máscara metálica y un traje blindado, siembra el terror allá donde va. Su único objetivo es hacer que los Vengadores paguen por derrotarle.

La máscara oculta viejas cicatrices

Los guanteletes contienen armas ocultas

El traje lleva incorporado un detonador

FICHA DE DATOS

PASIÓN: Venganza y... venganza
AVERSIÓN: Los edificios que se vienen abajo
AMIGOS: Ninguno
ENEMIGOS: Viuda Negra, Capitán América, Halcón
APTITUDES: Lucha callejera, conocimiento de SHIELD
EQUIPO: Granadas, traje blindado

SET: 76050 Peligroso Golpe de Calavera
AÑO: 2016

PELEAS CALLEJERAS
Calavera atrae a los Vengadores a la lucha. Pelea contra ellos desde un camión blindado, ¡pero no es rival para los Héroes Más Poderosos de la Tierra!

UNIVERSO CINEMATOGRÁFICO DE MARVEL

EL COLECCIONISTA
POSEEDOR DE TESOROS

- Expresión siniestra
- El Éter (una Gema del Infinito) es el último objeto de la colección de este personaje
- Lujosa cadena de oro y piedras preciosas
- Capa de piel con bordes dentados

TANELEER TIVAN SE ENORGULLECE de ser conocido como el Coleccionista. Su museo alberga la mayor colección de objetos del universo (aunque es mejor no preguntarle cómo logró hacerse con la mayoría de ellos). Parece justo que su minifigura sea un objeto coleccionable en sí misma: solo se fabricaron unos pocos ejemplares como regalo de la Comic-Con de 2014.

FICHA DE DATOS

PASIÓN: Los objetos raros y valiosos
AVERSIÓN: Las cosas comunes
AMIGOS: Ninguno
ENEMIGOS: Thanos
APTITUDES: Resistencia mejorada, negociar y regatear, casi inmortalidad
EQUIPO: Todos los tesoros de su colección

SET: Comcon035
El Coleccionista
AÑO: 2014

AUMENTAR LA COLECCIÓN
Haciendo honor a su nombre, el Coleccionista quiere coleccionar las Gemas del Infinito. Intenta comprar la Gema de Poder a los Guardianes de la Galaxia, pero no logra cerrar el trato.

101

UNIVERSO CINEMATOGRÁFICO DE MARVEL

RONAN
EL ACUSADOR

LA MINIFIGURA DE RONAN, señor de la guerra kree, lucha contra los Guardianes de la Galaxia en dos sets LEGO. Su objetivo es robar la Gema de Poder para Thanos pero, tras intentar quedársela, acaba siendo destruido por ella. ¡Ups!

Pintura de guerra aplicada por sus siervos

La armadura kree mejora la superfuerza natural de Ronan

El estampado continúa en las piernas

FICHA DE DATOS

PASIÓN: Guardar rencor
AVERSIÓN: Los mortales poderosos
AMIGOS: Thanos
ENEMIGOS: Los skrulls, los Guardianes, Capitana Marvel
APTITUDES: Fuerza, resistencia
EQUIPO: Cosmi-Rod, el orbe

SET: 76278 Warbird de Rocket vs. Ronan
AÑO: 2024

¿LO SABÍAS?
Con solo una minifigura en un set LEGO desde 2014, Ronan ha sido un objeto coleccionable. No es de extrañar que el lanzamiento de una nueva minifigura en 2024 entusiasmara a los fans.

SEÑOR DE LA GUERRA
La minifigura de Ronan de 2014 (set 76021) también lleva una armadura kree, pero esta tiene un diseño ligeramente diferente.

UNIVERSO CINEMATOGRÁFICO DE MARVEL

TASERFACE
SAQUEADOR Y TRAIDOR

Valquiria lleva esa misma cabeza con coleta

¿LO SABÍAS?
Cuando Mapache Cohete se burla del nombre de Taserface, el Saqueador le responde diciendo: «¡Es metafórico!».

MIEMBRO DEL CLAN de los Saqueadores, Taserface está descontento con su líder, Yondu, así que hace lo que hacen todos los villanos: ¡acaparar el poder! La desaliñada barba de esta minifigura oculta parcialmente su traje, y su rostro de color morado mira a cualquier Saqueador que ose desobedecerle.

Las piezas únicas para las piernas y el torso hacen de esta una minifigura muy popular

¡ES UN MOTÍN!
Taserface solo viene en un set LEGO, que representa el momento en que lidera la rebelión de los Saqueadores y toma el control del clan.

FICHA DE DATOS

PASIÓN: Ser un Saqueador
AVERSIÓN: Que se burlen de su nombre
AMIGOS: Los Saqueadores
ENEMIGOS: Yondu, Mapache Cohete, Groot
APTITUDES: Lucha, piratería
EQUIPO: Armas de su clan

SET: 76079 Ataque de Ravager
AÑO: 2017

UNIVERSO CINEMATOGRÁFICO DE MARVEL

AYESHA
SUMA SACERDOTISA DE LOS SOBERANOS

MANDO A DISTANCIA
La flota de la Soberana está formada por drones. Ayesha y sus guerreros controlan su ejército mecánico desde la distancia.

¿LO SABÍAS?
No es muy común que todas las partes de una minifigura sean únicas. Sin embargo, la minifigura de Ayesha está hecha de elementos exclusivos, desde su pelo dorado hasta las botas de su traje de Soberana.

El cabello de oro nacarado es exclusivo de Ayesha

Los detalles dorados resaltan la riqueza de la Soberana

Tejido protector resistente al espacio

FICHA DE DATOS

PASIÓN: Sentirse superior al resto
AVERSIÓN: Que le falten al respeto
AMIGOS: El Alto Evolucionador, Adam Warlock
ENEMIGOS: Guardianes de la Galaxia
APTITUDES: Mente táctica genial
EQUIPO: Ejército de drones

SET: 76080 Venganza de Ayesha
AÑO: 2017

COMO SUMA SACERDOTISA de los Soberanos (un pueblo avanzado creado por el Alto Evolucionador), Ayesha es arrogante y bastante grosera con los demás. Su minifigura lleva un traje de batalla soberano, pero ella prefiere llevar su túnica dorada de Suma Sacerdotisa.

UNIVERSO CINEMATOGRÁFICO DE MARVEL

ADAM WARLOCK
HIJO DEL SOBERANO

Los Soberanos tienen la piel dorada

Broche de la capa con forma de cráneo

SEGUNDO AL MANDO de Ayesha, Adam Warlock es un orgulloso líder y guerrero Soberano. Aunque su comportamiento puede ser infantil, su minifigura es lo bastante fuerte, duradera y segura como para enfrentarse él solo a los Guardianes de la Galaxia.

Esta capa roja también la lleva la Bruja Escarlata

Armadura de batalla soberana

FICHA DE DATOS

PASIÓN: Su madre
AVERSIÓN: Que le manden
AMIGOS: Ayesha
ENEMIGOS: Guardianes de la Galaxia (aunque luego se une a ellos)
APTITUDES: Ráfagas de energía, vuelo espacial, capacidad curativa
EQUIPO: Ninguno

SET: 76255 Nave de los Nuevos Guardianes
AÑO: 2023

HOMBRE DEL ESPACIO
Adam es increíblemente fuerte y es capaz de sobrevivir en el frío vacío del espacio porque su ADN ha sido perfeccionado genéticamente.

UNIVERSO CINEMATOGRÁFICO DE MARVEL

LOKI
DIOS DEL ENGAÑO

HIJO ADOPTIVO del rey Odín, Loki siempre ha tenido grandes aspiraciones. Desea gobernar –en Asgard, la Tierra o donde sea–, lo que a menudo le lleva a enfrentarse con su hermano Thor. La minifigura de Loki suele llevar elegantes ropas asgardianas negras y verdes y una sonrisa burlona de lo más irritante.

Gran tocado de cuernos dorados

La fina capa de cuero asgardiana hace que todo sea más dramático

FICHA DE DATOS

PASIÓN: Tener público
AVERSIÓN: Los relámpagos
AMIGOS: Es complicado
ENEMIGOS: Ídem
APTITUDES: Crear ilusiones
EQUIPO: Cetro

SET: 76248 Quinjet de los Vengadores
AÑO: 2023

¿LO SABÍAS?
Loki es conocido por ser hablador. Mucho. La cara alternativa de esta minifigura lo muestra con una máscara sobre la boca para evitar que siga hablando y diciendo mentiras.

CAMBIANDO EL TIEMPO
El uniforme de la Autoridad de Variación Temporal de Loki es mucho más práctico que su atuendo habitual. Inspirada en la serie *Loki* de Marvel Studios, esta minifigura lleva un uniforme de la TVA con la palabra «Variant» impresa en la espalda.

106

UNIVERSO CINEMATOGRÁFICO DE MARVEL

HELA
DIOSA DE LA MUERTE

Tocado con cuernos exclusivo

Pinturas de guerra en el casco

THOR NUNCA SUPO que tenía una hermana mayor, y cuando lo descubre no le hace ni pizca de gracia. La minifigura de Hela irradia maldad, tanto por su expresión adusta y su siniestro tocado como por su deseo de destrucción. Por desgracia, ¡Hela es muy difícil de destruir!

Hela es capaz de generar su traje a voluntad

Capa verde oscuro a juego con el traje

FICHA DE DATOS

PASIÓN: La muerte
AVERSIÓN: Ser desterrada
AMIGOS: Fenris, Skurge (pero no realmente)
ENEMIGOS: Thor, Valquiria
APTITUDES: Invocar armas a voluntad, resistencia aumentada
EQUIPO: Casco

SET: 76084 Batalla Definitiva por Asgard
AÑO: 2017

DE ENTRE LOS MUERTOS
Fiel a su sobrenombre, Hela resucita a los guerreros asgardianos para asaltar Asgard. También invoca a Fenris, su sabueso desaparecido.

107

UNIVERSO CINEMATOGRÁFICO DE MARVEL

GRAN MAESTRO
LÍDER DE MASAS

EL GRAN MAESTRO gobierna el planeta de Sakaar, donde entretiene a las masas –y a sí mismo– enfrentando a los guerreros en un duro torneo conocido como la Contienda de Campeones. Siempre sonriente, a su minifigura no le importa la situación de los guerreros cautivos.

- Maquillaje azul en ojos y barbilla
- Sonrisa de suficiencia en ambos lados de la cabeza
- Forro de seda roja vibrante
- Lujosa túnica dorada con estampado
- Pantalones de tejido lujoso y elástico

FICHA DE DATOS

PASIÓN: Crear un espectáculo entretenido
AVERSIÓN: Las revueltas
AMIGOS: Topaz
ENEMIGOS: Thor, Hulk
APTITUDES: Imponer su autoridad, maneras suaves
EQUIPO: Ropa extravagante

SET: 76088 Thor vs. Hulk: Choque en la Arena
AÑO: 2017

¡TODOS LOS OJOS PUESTOS EN MÍ!
Sentado en su trono, no hay nada que le guste más al Gran Maestro que ser el centro de atención, lejos de cualquier atisbo de peligro.

UNIVERSO CINEMATOGRÁFICO DE MARVEL

GORR
INVOCADOR DE SOMBRAS

Los ojos brillantes reflejan la corrupción de la necroespada

¿LO SABÍAS?
La minifigura de Gorr está inspirada en su aparición en la película de Marvel Studios *Thor: Love and Thunder*.

VESTIDO CON UNA SENCILLA túnica blanca, Gorr tiene una violenta misión: destruir a todos y cada uno de los dioses. Esto le lleva a enfrentarse a Thor, el dios del trueno, ¡pero Thor no va a permitir que nadie le derrote!

Túnicas salpicadas de suciedad y barro

FICHA DE DATOS

PASIÓN: La venganza
AVERSIÓN: Los dioses
AMIGOS: Los monstruos de las sombras
ENEMIGOS: Thor, La Poderosa Thor
APTITUDES: Inmortalidad
EQUIPO: Necroespada

SET: 76207 Ataque sobre Nuevo Asgard
AÑO: 2022

UNA SOMBRÍA SORPRESA
Gorr usa una poderosa arma, la necroespada, para invocar terroríficos monstruos sombríos.

109

UNIVERSO CINEMATOGRÁFICO DE MARVEL

THANOS
GUERRERO NÓMADA

SIEMPRE PÚRPURA y siempre enfadado, Thanos tiene la misión de acabar con la mitad de la población del universo. Al principio lo hace planeta por planeta, pero pronto se da cuenta de que hay una forma más rápida: reunir las seis Gemas del Infinito le permitirá hacerlo en un santiamén.

Puede sujetar el Guantelete del Infinito

Puede agarrar a una minifigura con una mano

La armadura sirve como espantapájaros en tiempos de paz

FICHA DE DATOS

PASIÓN: Gemas del Infinito
AVERSIÓN: Superpoblación
AMIGOS: Ninguno
ENEMIGOS: Los Guardianes, los Vengadores
APTITUDES: Fuerza
EQUIPO: Guantelete del Infinito

SET: 76266 Batalla Final de Endgame
AÑO: 2023

UN SOLO CHASQUIDO
Con un chasquido de sus dedos, Thanos podría usar el Guantelete del Infinito para eliminar la mitad de la vida. ¡No es de extrañar que Iron Man y los Vengadores estén tan ansiosos por hacerse con él!

UNIVERSO CINEMATOGRÁFICO DE MARVEL

CHITAURI Y OUTRIDERS
SOLDADOS DE THANOS

THANOS ATACA LA TIERRA usando ejércitos de otros planetas, como los chitauri y los outriders. Estas especies alienígenas no piensan por sí mismas, lo que los hace perfectos como obedientes soldados de infantería. Aunque Thanos comanda a miles de estos alienígenas, solo hay cuatro minifiguras chitauri y cinco outriders.

Cabeza impresa con enormes dientes de oro, pero sin ojos

Brazo extendido con largas garras en el extremo

La armadura dorada protege su gruesa piel

LOS CHITAURI
Estos alienígenas reptiles atacan la ciudad de Nueva York a través de un portal en el cielo. Pero algo bueno sale de esta batalla: ¡los Vengadores se reúnen por primera vez en la historia!

LOS OUTRIDERS
Los outriders se despliegan para luchar en las llanuras de Wakanda. Tienen múltiples extremidades y dientes muy afilados. ¡Algunas de sus minifiguras vienen con cuatro brazos extra!

Redes electrónicas integradas en el cuerpo

¿LO SABÍAS?
Los chitauri tienen forma humanoide, mientras que los outriders parecen bestias que corren a cuatro patas. Sin embargo, en los sets LEGO, ambos tienen forma de minifigura.

111

UNIVERSO CINEMATOGRÁFICO DE MARVEL

FAUCES NEGRAS
REPRESENTANTE DE THANOS

Rostro con arrugas y expresión ceñuda

FAUCES NEGRAS, uno de los guerreros de confianza de Thanos, está a la caza de las Gemas del Infinito. Muestra un impresionante uso de la telequinesis en la batalla, ¡aunque su minifigura tiene siempre el ceño fruncido!

¿LO SABÍAS?
Fauces Negras forma parte de los Hijos de Thanos, un grupo de soldados criados por Thanos. Se consideran sus hijos adoptivos.

El panel central le da grandeza

Armadura impresa en las partes delantera y trasera

FICHA DE DATOS

PASIÓN: Ser el favorito de Thanos
AVERSIÓN: Cualquiera que hable mal de Thanos
AMIGOS: Thanos, Matanza Obsidiana
ENEMIGOS: Extraño, Iron Man
APTITUDES: Telequinesis
EQUIPO: No lo necesita

SET: 76218 Santuario
AÑO: 2022

¡FAUCES AL ATAQUE!
Hay dos versiones de esta minifigura, que vienen en diferentes sets LEGO. En ambos sets aparece atacando el Sancta Sanctorum.

UNIVERSO CINEMATOGRÁFICO DE MARVEL

MATANZA OBSIDIANA
EL BRUTO DE THANOS

La armadura le protege de ataques por la retaguardia

Cabeza esculpida exclusiva

SI ALGÚN PERSONAJE MERECE tener una minifigura de gran tamaño, es Matanza Obsidiana, uno de los hijos de Thanos. Enviado para robar la Gema del Tiempo del Doctor Extraño, Matanza Obsidiana se abre camino a través de un portal y acaba en la Antártida. ¡Qué extraño!

GUERREROS VENCIDOS
Matanza Obsidiana se ve envuelto en un enredo junto a Fauces Negras durante una batalla contra los Vengadores en el Sancta Sanctorum.

FICHA DE DATOS

PASIÓN: Gruñir
AVERSIÓN: Pensar
AMIGOS: Thanos, Fauces Negras
ENEMIGOS: Hulk, Doctor Extraño, Iron Man
APTITUDES: Fuerza, resistencia, curación
EQUIPO: Martillo de cadena

SET: 76108 Duelo en el Sancta Sanctorum
AÑO: 2018

113

UNIVERSO CINEMATOGRÁFICO DE MARVEL

PRÓXIMA MEDIANOCHE
GUERRERA DE THANOS

ORGULLOSA DE SERVIR a su amo, Thanos, Próxima Medianoche parte en busca de la Gema de la Mente. Su minifigura muestra una expresión enfadada y otra sonriente... Esta última es para burlarse de sus enemigos en el campo de batalla.

- Cuernos unidos a la pieza de la cabeza
- Las marcas de la cara cubren gran parte de su rostro
- Armadura reparada con un metal diferente

FICHA DE DATOS

PASIÓN: Derrotar a sus enemigos
AVERSIÓN: Decepcionar a Thanos
AMIGOS: Thanos, Corvus Glaive
ENEMIGOS: Visión, Wanda Maximoff, Hulk
APTITUDES: Superfuerza, agilidad, velocidad
EQUIPO: Lanza que dispara ráfagas de energía

SET: 76104 Incursión Demoledora del Hulkbuster
AÑO: 2018

¡A POR LA GEMA!
Próxima lucha contra los Vengadores por la valiosa y poderosa Gema de la Mente. Debe hacerse con ella o enfrentarse a la ira de Thanos.

UNIVERSO CINEMATOGRÁFICO DE MARVEL

CORVUS GLAIVE
SOLDADO DE THANOS

- Los dientes le dan un aspecto terrible
- Armadura con detalles en oro metálico
- Capa hecha jirones: ¡ha sobrevivido a muchas batallas!

OTRO DE LOS DESPIADADOS HIJOS DE THANOS, Corvus Glaive acompaña a Próxima Medianoche a Europa y luego a Wakanda para arrebatarle la Gema de la Mente a Visión. A este personaje no se le suele ver sonriendo, ¡así que la sonrisa aterradora de su minifigura debe de significar que la misión va muy bien!

FICHA DE DATOS

PASIÓN: Completar misiones
AVERSIÓN: Que le derroten enemigos a quienes considera débiles
AMIGOS: Thanos, Próxima Medianoche
ENEMIGOS: Visión, Capitán América
APTITUDES: Superfuerza, resistencia, velocidad
EQUIPO: Espada Glaive

SET: 76103 Ataque de la Desgranadora de Corvus Glaive | **AÑO:** 2018

DERROTA EN WAKANDA
La arrogancia de Glaive resulta ser su perdición cuando le da la espalda a Visión durante una batalla en Wakanda. ¡Grave error!

115

UNIVERSO CINEMATOGRÁFICO DE MARVEL

ERIK KILLMONGER
PANTERA RIVAL

N'JADAKA CREE QUE ÉL debería ser el gobernante de Wakanda, así que desafía a su primo T'Challa por el título de Pantera Negra. Conocido como Killmonger por su violento pasado, la minifigura de N'Jadaka está preparada para la batalla, pero es derrotada por su poderoso primo.

Máscara antigua robada de un museo

¿LO SABÍAS?
Esta máscara ritual fue creada especialmente para la minifigura de Erik Killmonger.

Chaleco de batalla sobre la ropa de combate

Bolsillos cargo para llevar munición

FICHA DE DATOS

PASIÓN: Las misiones de riesgo
AVERSIÓN: La opresión
AMIGOS: Ulysses Klaue
ENEMIGOS: Pantera Negra, Nakia
APTITUDES: Entrenamiento en la Marina
EQUIPO: Traje de Pantera Negra

SET: 76100 Ataque del Royal Talon Fighter
AÑO: 2018

ENFRENTAMIENTO ANIMAL
La otra minifigura de Erik Killmonger también lleva el traje de Pantera Negra, pero con detalles dorados exclusivos. Utiliza su poder para luchar contra T'Challa.

UNIVERSO CINEMATOGRÁFICO DE MARVEL

ULYSSES KLAUE
LADRÓN DE VIBRANIUM

ULYSSES KLAUE es un maestro criminal. Su minifigura se siente orgullosa de ser el único forastero que ha visto el preciado vibranium de Wakanda… ¡y ha salido con vida! Vende vibranium robado a Ultrón y forma equipo con Erik Killmonger. Pero unir fuerzas con villanos nunca acaba bien. Klaue estaría de acuerdo, ¡si aún pudiera!

- Cabeza exclusiva con dos expresiones: ¡enfadado y todavía más enfadado!
- Cuello marcado con el símbolo wakandiano de «ladrón»
- El brazo protésico oculta un arma en su interior
- Lleva camisa y chaleco para parecer un respetable hombre de negocios

ARMA SECRETA
Después de perder un brazo durante sus tratos con Ultrón, Klaue se construyó una prótesis que puede transformarse en un cañón sónico.

FICHA DE DATOS

PASIÓN: El dinero, el jazz
AVERSIÓN: La sepia
AMIGOS: Ultrón, Erik Killmonger
ENEMIGOS: Pantera Negra, los Vengadores
APTITUDES: Contrabando, ladrón, conocimiento del mundo criminal
EQUIPO: Cañón sónico, almacén de vibranium

SET: 76100 Ataque del Royal Talon Fighter
AÑO: 2018

117

UNIVERSO CINEMATOGRÁFICO DE MARVEL

REY NAMOR
GOBERNANTE DE TALOKAN

EL REY NAMOR PROTEGE con fiereza su reino submarino, Talokan, y sus recursos de vibranium. Su audaz minifigura quiere unirse a Wakanda contra el resto del mundo, pero cuando Shuri se niega, Namor emprende la guerra.

FICHA DE DATOS

PASIÓN: Defender Talokan
AVERSIÓN: La gente de la superficie
AMIGOS: Attuma
ENEMIGOS: Shuri, Ironheart
APTITUDES: Respirar tanto dentro como fuera del agua, vuelo, envejecimiento lento
EQUIPO: Lanza de vibranium

SET: 76213 Sala del Trono del Rey Namor
AÑO: 2022

Las alas de plumas en los tobillos le permiten volar

¿LO SABÍAS?
Todas las piezas de la minifigura de Namor son exclusivas: desde el cabello con orejas hasta sus piernas estampadas.

UN TRONO BAJO EL MAR
Namor gobierna desde un trono submarino hecho con la mandíbula de un tiburón y decorado con algas. Es un gobernante orgulloso de la rica historia de Talokan.

UNIVERSO CINEMATOGRÁFICO DE MARVEL

ATTUMA
GUERRERO DE TALOKAN

Casco enorme con dos púas moldeadas

LÍDER DEL EJÉRCITO talokan, Attuma captura a Pantera Negra bajo las órdenes del rey Namor. Los talokaniles son un pueblo submarino, y la minifigura de Attuma refleja esta herencia: ¡su tocado y su ropa están hechos de piel de tiburón y espinas de pescado!

¿LO SABÍAS?
Al igual que la de su gobernante, el rey Namor, todas las piezas de la minifigura de Attuma son únicas.

Cinturón con hebilla

FICHA DE DATOS

PASIÓN: Las batallas
AVERSIÓN: Las amenazas a su reino
AMIGOS: Namor
ENEMIGOS: Okoye, Shuri, Ironheart
APTITUDES: Combate
EQUIPO: Lanza, respirador

SET: 76211 Sunbird de Shuri
AÑO: 2022

ATAQUE SUBMARINO
Attuma es un hábil guerrero, tanto dentro como fuera del agua. Empuña una lanza de vibranium talokanil.

UNIVERSO CINEMATOGRÁFICO DE MARVEL

CHAQUETA AMARILLA
ENEMIGO DE ANT-MAN

DARREN CROSS FUE ALUMNO de Hank Pym, que creó el traje de Ant-Man. Pero Cross robó la tecnología para sí mismo y creó un traje más avanzado, que su minifigura viste como Chaqueta Amarilla. Su personaje no solo puede crecer o encogerse a voluntad; también puede volar y disparar rayos de energía desde sus extremidades traseras.

- Molde de casco exclusivo con visera amarilla transparente
- El arnés se acopla a las extremidades traseras
- Traje de batalla hecho de Kevlar

FICHA DE DATOS

PASIÓN: Ser poderoso
AVERSIÓN: Cualquiera que se atreva a cuestionarle
AMIGOS: Hydra
ENEMIGOS: Ant-Man, Hank Pym
APTITUDES: Manipulación del tamaño, fuerza mejorada, vuelo
EQUIPO: Traje de Chaqueta Amarilla con rayos de energía

SET: 76039 Batalla Final contra Ant-Man
AÑO: 2015

LUCHA DE INSECTOS
Reducido al tamaño de una avispa, Chaqueta Amarilla lucha contra Ant-Man, que llega montado en su hormiga, Ant-thony.

UNIVERSO CINEMATOGRÁFICO DE MARVEL

FANTASMA
ENEMIGO ESPECTRAL

Sus ojos extra le proporcionan una mejor visión en fase

Paneles de cambio de fase impresos en su armadura

AVA STARR ES CONOCIDA como Fantasma, y no solo por su terrorífica máscara. Como resultado de un accidente cuántico, es capaz de volverse invisible y atravesar objetos sólidos. Fantasma necesita energía cuántica para sobrevivir, lo que la pone en el camino contra Ant-Man y Avispa.

UN ROSTRO FANTASMAL
El traje y la máscara de Fantasma le ayudan a controlar sus poderes. Pero cuando decide revelar su identidad, la pieza de la cabeza de su minifigura también muestra su verdadero rostro.

FICHA DE DATOS

PASIÓN: Los osos de peluche
AVERSIÓN: El dolor
AMIGOS: Bill Foster
ENEMIGOS: Ant-Man, Avispa, SHIELD
APTITUDES: Atravesar objetos sólidos, sigilo, invisibilidad, espionaje
EQUIPO: Traje Fantasma

SET: 76109 Exploradores del Reino Cuántico
AÑO: 2018

121

UNIVERSO CINEMATOGRÁFICO DE MARVEL

KARL MORDO
HECHICERO SUPREMO ALTERNATIVO

CUANDO EL DOCTOR EXTRAÑO viaja por el multiverso, se encuentra por sorpresa con Karl Mordo, un antiguo amigo. Mordo es el Hechicero Supremo de su realidad (¡y odia al Doctor Extraño!). La minifigura de Mordo luce una túnica verde pálido y una mueca de impaciencia.

Pieza de cabello con largas rastas usada por primera vez para esta minifigura

La túnica de Hechicero Supremo incluye una larga capa de color verde

FICHA DE DATOS

PASIÓN: Seguir las normas
AVERSIÓN: Cambiar de opinión
AMIGOS: Los Illuminati
ENEMIGOS: Doctor Extraño
APTITUDES: Artes místicas, artes marciales
EQUIPO: Anillo de Honda, espada, botas mágicamente mejoradas

SET: 76218 Santuario
AÑO: 2022

OTRO MORDO
El Karl Mordo que el Doctor Extraño conoció, lo entrenó como hábil Maestro de las Artes Místicas.

UNIVERSO CINEMATOGRÁFICO DE MARVEL

SUPERVISOR
ASESINO MISTERIOSO

Gafas de alta tecnología con pantalla digital

¿LO SABÍAS?
Hay dos versiones de la minifigura de Supervisor. La única diferencia entre ellas es que una viene con capucha.

Rostro calavérico parcialmente oculto bajo la capucha

SUPERVISOR es un guerrero enviado a dar caza a Viuda Negra como venganza por sucesos pasados. Es capaz de imitar los movimientos de cualquier oponente, lo que le da una verdadera ventaja cuando hace frente a algún enemigo. Viuda Negra, ¡cuidado!

Torso impreso con cables y circuitos

FICHA DE DATOS

PASIÓN: La venganza
AVERSIÓN: El humor
AMIGOS: General Dreykov
ENEMIGOS: Viuda Negra, Yelena Belova
APTITUDES: Imita diferentes estilos de lucha
EQUIPO: Escudo, espada, mochila mecánica

SET: 76162 Persecución en Helicóptero de Viuda Negra
AÑO: 2020

PERSECUCIÓN EN HELICÓPTERO
Supervisor persigue a la Viuda Negra en un potente helicóptero en el set 76162.

123

UNIVERSO CINEMATOGRÁFICO DE MARVEL

WENWU
LÍDER DE LOS DIEZ ANILLOS

WENWU ES UN SEÑOR DE LA GUERRA internacional y líder de la banda criminal de los Diez Anillos. Posee un conjunto de diez anillos de hierro místicos que le otorgan inmensos poderes, como la superfuerza y la inmortalidad. Wenwu ha ascendido al poder a través de los siglos y tiene miles de años, aunque su minifigura no lo parezca.

Su expresión severa acobarda a todos

El traje de los Diez Anillos fusiona rasgos tradicionales con una armadura reforzada

Los detalles continúan en las piernas

FICHA DE DATOS

PASIÓN: El poder
AVERSIÓN: Los laberintos boscosos
AMIGOS: Razor Fist, la banda de los Diez Anillos
ENEMIGOS: Shang-Chi, Xialing
APTITUDES: Inmortalidad, superfuerza, explosiones de poder, combate
EQUIPO: Los Diez Anillos

SET: 76176 Huida de los Diez Anillos
AÑO: 2021

EN EL ANILLO
Los Diez Anillos no son solo una fuente de poder e inmortalidad para Wenwu: ¡también los usa como armas flexibles, transformables y explosivas!

UNIVERSO CINEMATOGRÁFICO DE MARVEL

RAZOR FIST
ASESINO DE LOS DIEZ ANILLOS

ESTE EFICAZ ASESINO está tan orgulloso de su arma –una cuchilla en lugar de la mano– que su apodo alude a ella (*razor* es «cuchilla» en inglés). Su minifigura es el guerrero más leal de Wenwu, enviado para dar con sus hijos, Shang-Chi y Xialing.

¿LO SABÍAS?
La cabeza de Razor Fist tiene dos expresiones: una con el ceño fruncido y otra sonriente. Y es que se vuelve muy amistoso cuando une fuerzas con Shang-Chi y Xialing.

- Símbolo de los Diez Anillos impreso en la espalda del chaleco
- El chaleco le da libertad de movimientos
- La mano derecha se transforma en un arma (acoplando una pieza de espada LEGO)

HASTA LOS DIENTES
En el set 76176, Shang-Chi trata por todos los medios de escapar de los miembros de los Diez Anillos. ¡Razor Fist usa su brazo-cuchilla para intentar detenerlo!

FICHA DE DATOS
PASIÓN: Ser la persona más fuerte del lugar
AVERSIÓN: Que le roben el coche
AMIGOS: Wenwu, la banda de los Diez Anillos
ENEMIGOS: Shang-Chi, Xialing, Katy
APTITUDES: Fuerza, destreza en combate y artes marciales
EQUIPO: Cuchilla cibernética

SET: 76176 Huida de los Diez Anillos
AÑO: 2021

UNIVERSO CINEMATOGRÁFICO DE MARVEL

DEATH DEALER
GUERRERO DE LOS DIEZ ANILLOS

DOBLE PROBLEMA
Death Dealer utiliza sus dos dagas para amenazar a Xialing, ¡pero la hija de Wenwu no se deja amedrentar!

¿LO SABÍAS?
Haciéndose eco de sus papeles en el filme de Marvel Studios *Shang-Chi y la leyenda de los Diez Anillos*, el actor que interpreta a Death Dealer (Andy Le) ayudó a entrenar a Simu Liu, que interpreta a Shang-Chi.

Aterradora máscara proporcionada por Wenwu

Armadura bajo una túnica tradicional

Dardos explosivos en el cinturón

FICHA DE DATOS
PASIÓN: Ser el mejor
AVERSIÓN: Los estudiantes vagos
AMIGOS: Wenwu, Razor Fist
ENEMIGOS: Shang-Chi
APTITUDES: Artes marciales
EQUIPO: Dagas gemelas

SET: 76177 Batalla en la Antigua Aldea
AÑO: 2021

EXPERTO EN ARTES MARCIALES, Death Dealer entrena a los guerreros de la banda criminal de los Diez Anillos. Su minifigura lleva un traje y una máscara exclusivos que le hacen destacar entre los demás miembros de los Diez Anillos. ¡Su aspecto intimida a sus adversarios!

UNIVERSO CINEMATOGRÁFICO DE MARVEL

TALOS
ALIADO SKRULL

Detalles impresos que muestran su rostro gruñón

EL SKRULL METAMORFO TALOS puede adoptar la apariencia de quien quiera. Incluso se hizo pasar por Nick Furia durante un tiempo. Sin embargo, su minifigura siempre ha adoptado su forma original. Talos trabaja para salvar a los skrulls en secreto, y solo aparece en un set LEGO.

Abrigo de cuero morado oscuro

¿UN GATO MONO?
Aunque la mayoría de la gente piensa que Goose es un gato mono, Talos no se deja engañar. Y tiene razón: ¡Goose es en realidad una peligrosa criatura flerken!

FICHA DE DATOS

PASIÓN: La lealtad
AVERSIÓN: Los flerken
AMIGOS: Nick Furia, Capitana Marvel
ENEMIGOS: Los kree
APTITUDES: Cambiar de forma
EQUIPO: Ninguno

SET: 76127 Capitana Marvel: Ataque de los Skrulls
AÑO: 2019

MARVEL
VILLANOS DE CÓMIC
OTRA GALERÍA DE VILLANOS

NUNCA ESCASEAN LOS VILLANOS que tratan de gobernar o destruir el mundo… o causar otro tipo de maldades. Desde simples matones hasta seres mutantes y cíborgs, ¡estas minifiguras siempre encuentran la forma de enfrentarse a los héroes más poderosos de LEGO!

La minifigura del agente de IMA siempre lleva este visor naranja

Uniforme blindado con la insignia de IMA

AGENTE DE IMA
Ataviados con su uniforme amarillo y negro, los agentes de IMA suelen enfrentarse a los Vengadores. Estas minifiguras aparecen en siete sets LEGO, y todas ellas carecen de rostro pero van bien armadas.

HULK ROJO
Uno de los enemigos más fuertes de Hulk en los cómics, Hulk Rojo tiene poderes similares a este, ¡y su cuerpo rojo también irradia un calor intenso! Su figura de gran tamaño aparece en un único set LEGO.

El cabello está unido a la exclusiva pieza que compone la cabeza, el torso y las piernas

Tiene el mismo cabello que Gamora, pero con mechas de distinto color

HULKA ROJA
Hija de Hulk Rojo, esta villana se une a su padre para hacer frente a Hulk y a su prima, Hulka. ¡Todo apunta a que será una lucha feroz y rabiosa!

Torso exclusivo con traje de batalla y cinturón

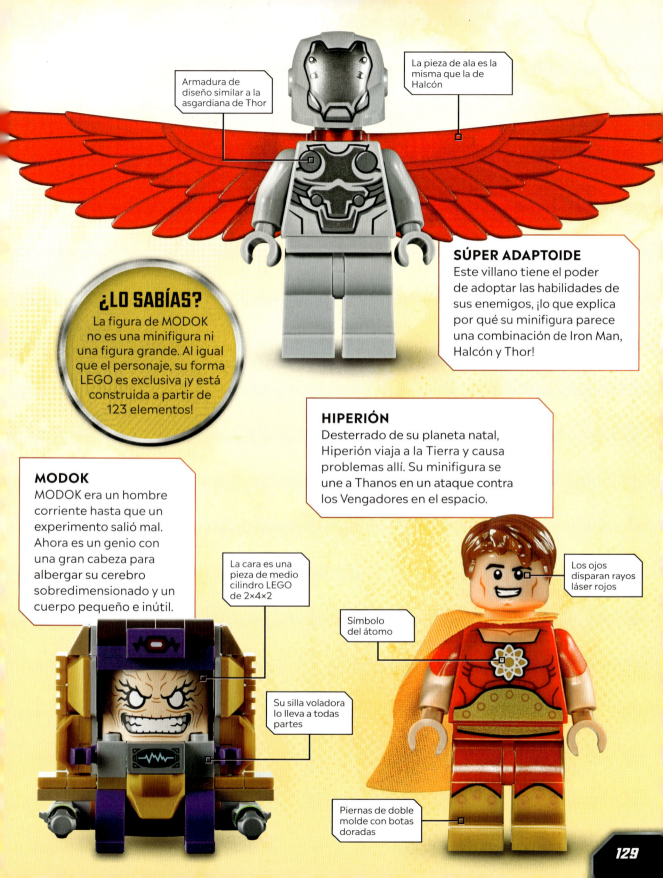

Armadura de diseño similar a la asgardiana de Thor

La pieza de ala es la misma que la de Halcón

SÚPER ADAPTOIDE
Este villano tiene el poder de adoptar las habilidades de sus enemigos, ¡lo que explica por qué su minifigura parece una combinación de Iron Man, Halcón y Thor!

¿LO SABÍAS?
La figura de MODOK no es una minifigura ni una figura grande. Al igual que el personaje, su forma LEGO es exclusiva ¡y está construida a partir de 123 elementos!

HIPERIÓN
Desterrado de su planeta natal, Hiperión viaja a la Tierra y causa problemas allí. Su minifigura se une a Thanos en un ataque contra los Vengadores en el espacio.

MODOK
MODOK era un hombre corriente hasta que un experimento salió mal. Ahora es un genio con una gran cabeza para albergar su cerebro sobredimensionado y un cuerpo pequeño e inútil.

La cara es una pieza de medio cilindro LEGO de 2×4×2

Su silla voladora lo lleva a todas partes

Los ojos disparan rayos láser rojos

Símbolo del átomo

Piernas de doble molde con botas doradas

129

CON TANTOS PODERES, los superhéroes asumen una gran responsabilidad. Pero no tienen por qué luchar solos. Son muchos los aliados que se unen a la lucha contra el mal, usando sus habilidades, artilugios o incluso sus extravagantes personalidades. Algunos se convierten en amigos y colegas de equipo.

CAPÍTULO CUATRO
ALIADOS

Soldado de Invierno

Katy

UNIVERSO CINEMATOGRÁFICO DE MARVEL

HAPPY HOGAN
JEFE DE SEGURIDAD DE INDUSTRIAS STARK

JEFE DE SEGURIDAD de Industrias Stark, Happy Hogan es más que un guardaespaldas. Valiente, fuerte y siempre alerta, es también uno de los mejores amigos de Tony Stark. Su minifigura solo aparece en un set y, en consonancia con su papel de jefe de seguridad, lleva un anodino traje negro para pasar desapercibido.

¿LO SABÍAS?
Happy no es su verdadero nombre. Tony Stark le puso este irónico apodo porque no es una persona muy sonriente.

El traje negro es su atuendo habitual

Brazos musculosos de boxeador profesional

FICHA DE DATOS
PASIÓN: Boxear, ver la tele
AVERSIÓN: Los *paparazzi*
AMIGOS: Tony Stark, May Parker, Spiderman
ENEMIGOS: Ivan Vanko, Buitre, Mysterio
APTITUDES: Boxear, protocolos de seguridad
EQUIPO: Ninguno

SET: 76130 Jet Stark y el Ataque del Dron
AÑO: 2019

AMIGO PILOTO
Entre las muchas habilidades de Hogan se incluye la de pilotar el reactor de Stark. Mantiene la calma durante la batalla, ¡incluso cuando Spiderman intenta discutir la relación de Happy con May!

132

UNIVERSO CINEMATOGRÁFICO DE MARVEL

PEPPER POTTS
DIRECTORA EJECUTIVA DE INDUSTRIAS STARK

PEPPER POTTS PASÓ de ser la ayudante de Tony Stark a ser la directora ejecutiva de Industrias Stark, convirtiéndose finalmente en una heroína. Su minifigura está orgullosa de sus logros: dirigir una empresa multinacional, derrotar a villanos y, lo más importante, ¡lidiar con el sarcasmo constante y las bromas tontas de Stark!

- Pecas impresas en la cabeza
- Camisa bajo la chaqueta entallada
- Práctico traje de negocios para su puesto

FICHA DE DATOS

PASIÓN: El arte, los regalos de cumpleaños
AVERSIÓN: Buscar trabajo, las fresas
AMIGOS: Tony Stark, Happy Hogan, Phil Coulson
ENEMIGOS: Obadiah Stane, Aldrich Killian, Thanos
APTITUDES: Negocios, combate
EQUIPO: Armadura Rescue

SET: 76190 Iron Man: Caos de Iron Monger
AÑO: 2021

AL RESCATE
Siguiendo el ejemplo de Iron Man, Pepper lleva su propio traje blindado con propulsores y alas cuando se une a los Vengadores con su armadura Rescue.

UNIVERSO CINEMATOGRÁFICO DE MARVEL

HELEN CHO
GENIO GENETISTA

LA DOCTORA HELEN CHO hace su primera y única aparición en forma LEGO® en el set 76269. Se une a los Vengadores en su base para curar a Ojo de Halcón utilizando sus conocimientos en biología celular. Más tarde, Ultrón obliga a Cho a crear un nuevo cuerpo para él, ¡pero su minifigura desbarata valientemente su plan!

- Mismo peinado que el de la tía May, pero en diferente color
- Por el otro lado tiene una expresión asustada
- Ropas esterilizadas para el laboratorio

FICHA DE DATOS

PASIÓN: La ciencia, la genética
AVERSIÓN: Las fiestas, a menos que vaya Thor
AMIGOS: Tony Stark, Maria Hill
ENEMIGOS: Ultrón
APTITUDES: Mente brillante
EQUIPO: Material médico, Arca de regeneración

SET: 76269 Torre de los Vengadores | **AÑO:** 2023

ARCA DE REGENERACIÓN
El invento médico pionero de la doctora Cho, el Arca de regeneración, puede construir un cuerpo a partir de tejido orgánico y vibranium. Se suponía que el cuerpo era para Ultrón, ¡pero acabó convirtiéndose en Visión!

UNIVERSO CINEMATOGRÁFICO DE MARVEL

EL VIGILANTE
OBSERVADOR DE TODAS LAS REALIDADES

- Ojos blanco brillante
- El cuello de tela de esta minifigura es exclusivo
- Capa azul con una manga

EL VIGILANTE es un ser fiel a su nombre: vigila. De hecho, hace todo lo posible por mantener su juramento de no interferir. Sin embargo, cuando una versión alternativa de Ultrón amenaza el multiverso, el Vigilante pasa a la acción y reúne a un equipo conocido como Los Guardianes del Multiverso.

FICHA DE DATOS

PASIÓN: El multiverso
AVERSIÓN: Tener que hacer cualquier cosa menos mirar
AMIGOS: Doctor Extraño, Los Guardianes del Multiverso
ENEMIGOS: Ultrón
APTITUDES: Omnisciencia, explosiones de energía
EQUIPO: Armadura dorada

SET: 76194 Iron Man Sakaariano de Tony Stark
AÑO: 2021

¡MIRA!
El Vigilante se aparece tanto a Tony Stark como a Gamora, pero es a esta a quien quiere reclutar como Guardiana del Multiverso.

UNIVERSO CINEMATOGRÁFICO DE MARVEL

VALQUIRIA
REINA DE NUEVA ASGARD

ESTA HEROÍNA, última superviviente de las famosas guerreras valquirias de Asgard, ha adoptado el nombre de Valquiria y es la nueva soberana de los asgardianos. Su minifigura gobierna con compasión y honor, y tiene el valor de enfrentarse a cualquiera, ¡incluso al anterior rey, su amigo Thor!

Emblema de valquiria grabado en la pechera

Armadura con diseño tradicional asgardiano

Capa azul, como todas las minifiguras valquirias

FICHA DE DATOS

PASIÓN: Estar en el campo de batalla
AVERSIÓN: Las reuniones, las disputas familiares
AMIGOS: Thor, La Poderosa Thor
ENEMIGOS: Hela, Thanos, Gorr
APTITUDES: Lucha, liderazgo, poderes asgardianos
EQUIPO: Rayo de Zeus

SET: 76208 Barco Caprino
AÑO: 2022

CORCEL ALADO
Valquiria monta su fiel corcel, Warsong, a través de un portal interdimensional para tomar parte en la batalla contra Thanos.

UNIVERSO CINEMATOGRÁFICO DE MARVEL

MIEK Y KORG
NUEVOS ASGARDIANOS

DOS ALIENÍGENAS, Miek y Korg, conocen a Thor en el planeta Sakaar y acaban uniéndose a él en sus aventuras. Miek es miembro de una especie insectoide cuya forma LEGO de tres piezas se asienta en un exoesqueleto con largas cuchillas en lugar de brazos. Korg es un kronano de voz suave y aspecto rocoso. Ambos son valientes guerreros, leales a su nuevo hogar asgardiano.

¿LO SABÍAS?
Miek consigue un trabajo como ayudante de Valquiria y resulta ser sorprendentemente eficiente llevando a cabo trabajos administrativos.

Pieza de la cabeza exclusiva de esta minifigura

Cuerpo rocoso, muy resistente y duradero

Correas de cuero sobre el torso desnudo

Hebilla con forma de carnero

El exoesqueleto sostiene su cuerpo morado

137

UNIVERSO CINEMATOGRÁFICO DE MARVEL

SOLDADO DE INVIERNO
VILLANO CONVERTIDO EN HÉROE

COMO A SU VIEJO AMIGO el Capitán América, a James «Bucky» Barnes le inyectaron el suero del supersoldado. A diferencia del Capi, Bucky fue obligado a trabajar para Hydra, pero escapó y acabó uniéndose a los Vengadores. Ahora, la minifigura de Bucky forma equipo con Sam Wilson, el nuevo Capi, y trabaja para enmendar su pasado.

Rostro impreso con barba de pocos días y sonrisa confiada

Brazo de vibranium, regalo de Shuri

Chaqueta de cuero con una sola manga

FICHA DE DATOS

PASIÓN: Las tartas, observar
AVERSIÓN: Que Sam Wilson hable demasiado, los magos
AMIGOS: Capitán América, Halcón, Sharon Carter
ENEMIGOS: Hydra, Thanos
APTITUDES: Habilidades de supersoldado, combate
EQUIPO: Brazo de vibranium

SET: 71031-13 LEGO Minifigures Marvel: 1.ª edición
AÑO: 2021

UN BUCKY MALVADO
Una minifigura anterior de Bucky lleva el cabello más largo y frunce el ceño. Viene en el set 76047, en el que Bucky, a quien han lavado el cerebro, se enfrenta a Pantera Negra.

UNIVERSO CINEMATOGRÁFICO DE MARVEL

SHARON CARTER
EXAGENTE

Lleva el cabello largo y ondulado, igual que en la película

Chaqueta informal con cinturón

SHARON CARTER, cuyo nombre en clave es Agente 13, trabaja en secreto para SHIELD. Su minifigura aparece en un solo set, ayudando al Capitán América a salvar a Bucky Barnes. Después de esto, Carter huye durante años antes de reunirse con Bucky. Pero una vez más, oculta la verdad sobre la naturaleza de su trabajo...

FICHA DE DATOS

PASIÓN: El poder, el dinero
AVERSIÓN: Que la gente sepa que su tía era Peggy Carter
AMIGOS: Capitán América, Bucky Barnes
ENEMIGOS: Brock Rumlow, Karli Morgenthau
APTITUDES: Espía, mente táctica, tiradora experta, experiencia como agente secreto
EQUIPO: Ninguno

SET: 76051 Batalla de los Superhéroes en el Aeropuerto
AÑO: 2016

LA MEJOR DE LA CLASE
Sharon Carter es una agente de SHIELD con años de experiencia en combate y espionaje. Sin embargo, su habilidad más útil es saber en quién confiar.

139

UNIVERSO CINEMATOGRÁFICO DE MARVEL

NICK FURIA
SUPERESPÍA

EXDIRECTOR DE SHIELD y fundador de los Vengadores, Nick Furia es una de las personas más influyentes del universo. Su minifigura es reconocible al instante gracias al parche del ojo y a su característica gabardina negra. Aunque no aparece en muchos sets, eso no significa nada: él siempre está trabajando para salvar el mundo desde las sombras.

- El parche no oculta del todo las cicatrices
- Insignia de SHIELD cosida a la gabardina
- Gabardina larga de cuero sobre ropa oscura

FICHA DE DATOS

PASIÓN: La ley y el orden... la mayor parte del tiempo
AVERSIÓN: Que no le corten las tostadas como a él le gusta
AMIGOS: Los Vengadores, Phil Coulson, Maria Hill
ENEMIGOS: Hydra, Aldrich Killian, Thanos
APTITUDES: Espionaje, mente táctica, años de experiencia
EQUIPO: Ninguno

SET: 76153 Helitransporte de los Vengadores
AÑO: 2020

EL JOVEN NICK
Aunque a los Vengadores les cuesta creerlo, Nick Furia fue joven una vez. Su minifigura más juvenil lleva pistolera y no lleva el parche en el ojo.

UNIVERSO CINEMATOGRÁFICO DE MARVEL

MARIA HILL
SUPERAGENTE

¿LO SABÍAS?
Maria Hill y Bruce Banner tienen más en común de lo que imaginas: además de trabajar con los Vengadores, ¡sus minifiguras tienen el mismo torso!

Expresión de alerta; por el otro lado está enfadada

MARIA HILL es la única minifigura en la que Furia confía plenamente. Tanto si trabaja con SHIELD, con los Vengadores o con alienígenas encubiertos, Hill siempre es leal, honesta y decidida.

Sencilla chaqueta de cuero negra

Los pantalones de combate facilitan el movimiento

FICHA DE DATOS

PASIÓN: Burlarse del Capitán América, los puercoespines
AVERSIÓN: Los cascos ajustados, los traidores
AMIGOS: Nick Furia, Capitán América, Pepper Potts
ENEMIGOS: Loki, Hydra
APTITUDES: Lucha, espionaje, mente táctica brillante
EQUIPO: Ninguno

SET: 40343 Spider-Man y el Asalto al Museo
AÑO: 2019

GRAN TRABAJADORA
Hill solo ha aparecido en dos sets LEGO. En uno está a bordo del Helitransporte de SHIELD y en el otro se une a Spiderman para proteger objetos valiosos durante el asalto a un museo.

141

MARVEL

AGENTE COULSON
ESCUDO DE LA HUMANIDAD

PHIL COULSON, agente de SHIELD, ha vivido, muerto y resucitado en sus esfuerzos por proteger a la Tierra de sus amenazas más mortíferas. La minifigura de Coulson viste un traje con corbata normal y corriente y lleva unos auriculares impresos en la cara porque siempre está ocupado salvando el mundo.

Luce con orgullo la insignia de SHIELD

La ropa de trabajo formal es el atuendo favorito de Coulson

FICHA DE DATOS

PASIÓN: Los cromos vintage de superhéroes
AVERSIÓN: La gente maleducada
AMIGOS: Nick Furia, Tony Stark, Pepper Potts
ENEMIGOS: Loki, Hydra, John Garrett
APTITUDES: Amabilidad, mente analítica, inteligencia
EQUIPO: Mano cibernética

SET: 76077 Iron Man: Ataque de Acero de Detroit
AÑO: 2017

COULSON GUAY
¡Coulson también se divierte! Su minifigura conduce un deportivo volador con ruedas plegables y su cara alternativa lleva unas gafas tan molonas como el coche.

MARVEL

AGENTE DE SHIELD
OFICIAL DEL GOBIERNO

Casco de aviador para misiones de vuelo

Uniforme clásico de SHIELD con insignia

Cinturón robusto con munición

LOS AGENTES DE SHIELD llevan a cabo misiones para proteger a su país. Bien entrenada y totalmente equipada con armas de SHIELD, esta minifigura sonríe orgullosa con su uniforme azul, lista para obedecer las órdenes de su director.

FICHA DE DATOS

PASIÓN: Completar las misiones, los elogios
AVERSIÓN: Que la gente olvide su nombre
AMIGOS: Maria Hill, Phil Coulson
ENEMIGOS: Matanza, Hydra
APTITUDES: Combate y entrenamiento con armas
EQUIPO: Equipo de SHIELD

SET: 76036 Ataque Aéreo de Matanza a SHIELD
AÑO: 2015

QUE CUNDA EL PÁNICO
Esta minifigura no siempre está contenta. Su otra cara lo muestra preocupado, lo cual es perfecto para cuando Matanza ataca su vehículo en pleno vuelo.

MARVEL

LOBEZNO
SUPERHÉROE MUTANTE

LOBEZNO ES UN MUTANTE con poderes inusuales que incluyen curación rápida y enormes garras que salen de sus manos. Se une a un equipo de compañeros mutantes, los X-Men, y juntos luchan contra varios viles villanos. Lobezno ha aparecido varias veces en LEGO, pero esta minifigura de 2024 es una de las primeras basadas en la serie de Marvel Animation *X-Men '97*.

Casco exclusivo creado solo para esta minifigura

Garras de adamantium retráctiles

FICHA DE DATOS

PASIÓN: Entrenar a reclutas
AVERSIÓN: Los detectores de metales
AMIGOS: Los X-Men
ENEMIGOS: Señor Siniestro, los Centinelas
APTITUDES: Curación rápida, características animales
EQUIPO: Garras de adamantium

SET: 76281 X-Jet de los X-Men
AÑO: 2024

INSTINTO ANIMAL
Utilizando sus sentidos y habilidades animales, Lobezno se acerca sigilosamente a sus enemigos para luego abalanzarse sobre ellos por sorpresa.

MARVEL

LOS X-MEN
EQUIPO MUTANTE

EL EQUIPO X-MEN está formado por individuos con poderes mutantes. Aunque no siempre son aceptados por los demás, se unen para luchar contra la injusticia.

Visor de cuarzo de rubí que controla los rayos de energía

Emblema de los X-Men en la correa del pecho

CÍCLOPE
Cíclope puede disparar rayos de energía por los ojos. Su minifigura lleva su icónico visor rojo sobre los ojos y, a diferencia de su versión de 2014, luce una pieza de cabello por encima de la máscara facial.

PÍCARA
Esta minifigura de 2024 es la primera aparición de Pícara en LEGO. Es capaz de absorber los poderes de otras personas con un solo toque. ¡Por eso su minifigura siempre lleva guantes!

Mechón blanco en la parte frontal del cabello

Chaqueta de cuero sobre el traje

MAGNETO
Magneto era enemigo de los X-Men, pero ahora espera ser su líder. Las tres minifiguras anteriores de Magneto lucían el traje rojo y morado de los cómics. En este nuevo diseño lleva un traje rosa y una capa violeta.

Lleva el pelo largo y suelto por la espalda

Lleva impresa la parte delantera de la capa

UNIVERSO CINEMATOGRÁFICO DE MARVEL

YELENA BELOVA
ASESINA REFORMADA

HERMANAS VELOCES
Al igual que su «hermana», Viuda Negra, Yelena es todo un as sobre su moto. Esta habilidad le resulta muy útil cuando Supervisor las persigue.

FICHA DE DATOS

PASIÓN: Los perros, los chalecos con bolsillos
AVERSIÓN: Los impostores
AMIGOS: Viuda Negra, Guardián Rojo
ENEMIGOS: Supervisor
APTITUDES: Combate, espionaje, pilotaje
EQUIPO: Ninguno

SET: 76162 Persecución en Helicóptero de Viuda Negra
AÑO: 2020

Práctico chaleco de combate con muchos bolsillos

Guantes de piloto con forro polar

El traje blanco es ideal para camuflarse en paisajes nevados

¿LO SABÍAS?
Durante su misión, Yelena y Viuda Negra se reúnen con sus padres adoptivos: su padre, Guardián Rojo, y su madre, Melina.

YELENA CRECIÓ como hermana adoptiva de Viuda Negra, antes de entrenarse para convertirse en su asesina. Veinte años después, su minifigura forma equipo con Viuda Negra para acabar con el programa de entrenamiento que convierte en asesinas a personas como ellas.

146

UNIVERSO CINEMATOGRÁFICO DE MARVEL

GUARDIÁN ROJO
PATRIOTA SOVIÉTICO

¿LO SABÍAS?
El set 77905 iba a regalarse en la Comic-Con de 2020. Sin embargo, el evento se canceló debido a la pandemia de covid-19, por lo que los sets acabaron vendiéndose por internet.

ESTA MINIFIGURA es tan escurridiza como el propio personaje, quien vivió como espía soviético en EE. UU. durante tres años. El Guardián Rojo, que solo aparece en un set (exclusivo de la Comic-Con), lleva su traje con orgullo: es el equivalente soviético del Capitán América.

Barba de pocos días impresa en la cara

El cinturón continúa por la parte trasera del torso

Traje de Guardián Rojo bastante ajustado

FICHA DE DATOS

PASIÓN: La lucha libre, montar una escena
AVERSIÓN: Los cerdos, la cárcel
AMIGOS: Viuda Negra, Yelena
ENEMIGOS: Supervisor
APTITUDES: Superfuerza
EQUIPO: Escudo

SET: 77905 Emboscada del Supervisor
AÑO: 2020

RIVALIDAD ROJA
El Guardián Rojo se compara a menudo con el Capitán América. Su minifigura también empuña un escudo, como el Capi, decorado con una estrella roja.

147

UNIVERSO CINEMATOGRÁFICO DE MARVEL

NÉBULA
GUARDIANA CÍBORG

CRIADA COMO HIJA DE THANOS, la minifigura cíborg de Nébula lucha contra los héroes de la Tierra –incluida Gamora, su hermana adoptiva– en tres sets LEGO. Pero finalmente se da cuenta de que Thanos es malvado, así que se enfunda un traje del tiempo blanco para ayudar a los Vengadores a derrotarlo de una vez por todas.

- El implante cibernético puede proyectar sus recuerdos
- Emblema de los Vengadores
- Traje temporal nanotecnológico diseñado para viajar por el Mundo Cuántico

FICHA DE DATOS

PASIÓN: Tener una hermana
AVERSIÓN: Tener una hermana
AMIGOS: Gamora, los Guardianes de la Galaxia
ENEMIGOS: Thanos
APTITUDES: Superfuerza, resistencia, curación
EQUIPO: Cuerpo cibernético

SET: 76131 Batalla en el Complejo de los Vengadores
AÑO: 2019

UNO MÁS DEL EQUIPO
Tras muchos altibajos, traiciones y viajes en el tiempo, Nébula se convierte en miembro oficial de los Guardianes, como demuestra el nuevo traje que ha elegido su minifigura.

UNIVERSO CINEMATOGRÁFICO DE MARVEL

YONDU UDONTA
ANTIGUO LÍDER DE LOS SAQUEADORES

- Controlador de flecha yaka en la cabeza
- Barba azul grisáceo
- Emblema de los Saqueadores en el abrigo rojo
- El arnés sujeta la espada

EL ALIENÍGENA YONDU era el líder del clan criminal de los Saqueadores hasta que fue derrocado. Es duro y despiadado, además de ser el responsable del secuestro del joven Starlord. No obstante, al final demuestra su verdadera lealtad cuando se sacrifica para salvar a Starlord.

FICHA DE DATOS

PASIÓN: Las baratijas, silbar
AVERSIÓN: Las nuevas tecnologías
AMIGOS: Starlord, Kraglin
ENEMIGOS: Taserface
APTITUDES: Robar, mente táctica
EQUIPO: Flecha yaka

SET: 76080 Venganza de Ayesha
AÑO: 2017

HUIDA RÁPIDA
Yondu ha sido pirata espacial durante muchos años, por lo que tiene mucha experiencia saliendo de apuros.

¿LO SABÍAS?
Cada parte de la minifigura de Yondu es exclusiva, lo que la convierte en una de las favoritas de los fans.

149

UNIVERSO CINEMATOGRÁFICO DE MARVEL

OKOYE
LÍDER DE DORA MILAJE

LA VALIENTE GUERRERA OKOYE forma parte de las Dora Milaje, las fuerzas especiales de Wakanda. Su minifigura actúa como guardaespaldas personal de Pantera Negra y también lleva a cabo misiones de élite para su reino.

Hombrera

Collar de cuentas

FICHA DE DATOS

PASIÓN: El café, los rinocerontes
AVERSIÓN: Las chaquetas entalladas, las pelucas
AMIGOS: Pantera Negra, los Vengadores
ENEMIGOS: Ulysses Klaue, Thanos, Namor
APTITUDES: Lucha, liderazgo
EQUIPO: Lanza de vibranium

SET: 76247 Hulkbuster: Batalla de Wakanda
AÑO: 2023

¿LO SABÍAS?
La minifigura de Okoye viene con su lanza en todos los sets menos en uno. En el Calendario de Adviento de 2023 lleva un *stick* de hockey sobre hielo.

INTRÉPIDA
En la batalla, Okoye confía en su entrenamiento, su fuerza acrobática y su lanza de vibranium, para consternación de sus enemigos.

UNIVERSO CINEMATOGRÁFICO DE MARVEL

NAKIA
ESPÍA DE WAKANDA

¿LO SABÍAS?
La pieza para la cabeza de Nakia, exclusiva de esta minifigura, incluye marcas faciales blancas, una tradición en las ceremonias de Wakanda.

NAKIA SE LABRÓ una sólida reputación como principal espía de Wakanda, pero huyó tras la muerte de T'Challa. Nakia regresa después de que Shuri sea capturada por Namor, rey de Talokan. Su minifigura lleva un traje sumergible para rescatar a su vieja amiga del reino submarino de Namor.

Embellecedor bioluminiscente para misiones submarinas

Traje submarino con los colores de la tribu de Nakia, la Tribu del Río

FICHA DE DATOS

PASIÓN: Ayudar a los demás
AVERSIÓN: La venganza
AMIGOS: Pantera Negra, Okoye
ENEMIGOS: Ulysses Klaue, Erik Killmonger, Namor
APTITUDES: Espionaje, disfraz, combate
EQUIPO: Cuchillas circulares

SET: 76211 Sunbird de Shuri | **AÑO:** 2022

DÍAS DE DORA MILAJE
La primera minifigura de Nakia lleva una armadura roja de Dora Milaje y blande sus míticas cuchillas circulares.

151

UNIVERSO CINEMATOGRÁFICO DE MARVEL

M'BAKU
LÍDER DE LA TRIBU JABARI

Pieza de la cabeza exclusiva con barba punteada

¿LO SABÍAS?
M'Baku desafió una vez a T'Challa por el trono de Wakanda. Más tarde, cuando Shuri decide viajar por el mundo, M'Baku vuelve a desafiarle por el trono.

M'BAKU LIDERA la tribu Jabari de Wakanda. Al principio, su minifigura se opone a T'Challa como Pantera Negra, pero más tarde se convierte en un leal aliado. Aunque M'Baku ayuda a vencer a Erik Killmonger, solo hace su primera aparición en LEGO durante la batalla contra Namor.

Armadura de madera pintada con la cara del dios gorila de la tribu Jabari

Cinturón de fibras naturales

FICHA DE DATOS

PASIÓN: Fingir dar más miedo del que da
AVERSIÓN: La gente que no respeta las tradiciones
AMIGOS: T'Challa, Pantera Negra, Reina Ramonda
ENEMIGOS: Erik Killmonger, Thanos, Namor
APTITUDES: Combate, conocimiento tribal
EQUIPO: Garrote

SET: 76214 Black Panther: Guerra en las Aguas
AÑO: 2022

GUERRERO LEAL
Cuando Namor y su ejército talokanil atacan Wakanda, M'Baku es uno de los primeros en plantarles cara. Se une a Pantera Negra y Okoye en la batalla final.

UNIVERSO CINEMATOGRÁFICO DE MARVEL

IRONHEART
UNIVERSITARIA BRILLANTE

Pieza para la cabeza exclusiva con gafas

LA MARK 2
El primer traje de Ironheart se creó con chatarra. Riri crea una segunda armadura de vibranium, la Mark 2, más avanzada y elegante, en el laboratorio de Shuri.

Mochila propulsora para volar

Reactor de arco en forma de corazón

Rodilleras

LA INTELIGENTE ESTUDIANTE Riri Williams se mete en problemas cuando inventa una máquina capaz de detectar el preciado vibranium. Cuando Shuri y Okoye se ofrecen para protegerla, la minifigura de Riri se pone su último invento, la armadura Ironheart (inspirada en Iron Man). ¡Demuestra que sabe defenderse muy bien!

FICHA DE DATOS

PASIÓN: Las ecuaciones diferenciales, la encriptación, ponerse a prueba
AVERSIÓN: Que se le bloquee el portátil
AMIGOS: La reina Ramonda, Pantera Negra
ENEMIGOS: Namor, Namora
APTITUDES: Mente genial, inventar, resolver problemas
EQUIPO: Traje de Ironheart

SET: 76211 Sunbird de Shuri
AÑO: 2022

UNIVERSO CINEMATOGRÁFICO DE MARVEL

SHANG-CHI
DEFENSOR DE TA LO

SHANG-CHI INTENTA VIVIR una vida normal, ¡pero es difícil cuando tu padre es un señor del crimen! Junto con su amiga Katy y su hermana Xialing, Shang-Chi viaja al mundo de Ta Lo. Allí, su minifigura se pone una armadura de escamas de dragón y se prepara para luchar contra un monstruo conocido como Morador de la Oscuridad.

¿LO SABÍAS?
En Marvel Comics, Shang-Chi se convierte en miembro de los Vengadores.

Las escamas de dragón lo protegen contra el Morador de la Oscuridad

Símbolo del nudo infinito en la armadura

Esta armadura fue un regalo de su madre

FICHA DE DATOS
PASIÓN: El karaoke, llevar una vida normal
AVERSIÓN: Trabajar para su padre, Wenwu
AMIGOS: Katy, Xialing
ENEMIGOS: Wenwu, Razor Fist
APTITUDES: Artes marciales
EQUIPO: Armadura

SET: 76176 Huida de los Diez Anillos
AÑO: 2021

LISTO PARA LUCHAR
Puede que Shang-Chi trabaje ahora como aparcacoches, ¡pero aún recuerda su entrenamiento en artes marciales de su juventud!

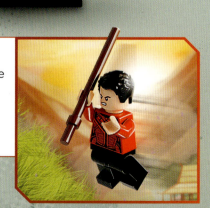

UNIVERSO CINEMATOGRÁFICO DE MARVEL

KATY
LA MEJOR AMIGA DE SHANG-CHI

AUNQUE KATY AÚN NO TIENE la vida resuelta, le gusta probar cosas nuevas. Se queda muy sorprendida cuando se entera del pasado secreto de su mejor amigo, Shang-Chi, y le entusiasma la idea de seguirle en una nueva aventura. Su minifigura se sorprende al descubrir que tiene un talento innato con el arco y las flechas.

- Túnica tradicional de Ta Lo con escamas de dragón
- Ribete con flores bordadas
- Rodilleras protectoras

FICHA DE DATOS

PASIÓN: Los coches rápidos
AVERSIÓN: Comer con palillos
AMIGOS: Shang-Chi, Xialing
ENEMIGOS: Razor Fist, Wenwu
APTITUDES: Conducir, cantar
EQUIPO: Arco y flecha

SET: 76176 Huida de los Diez Anillos
AÑO: 2021

PERSECUCIÓN VELOZ
Katy conduce el coche de Razor Fist durante una huida de la banda criminal los Diez Anillos. ¡Sus años como aparcacoches por fin sirven para algo!

UNIVERSO CINEMATOGRÁFICO DE MARVEL

XIALING
NUEVA LÍDER DE LOS DIEZ ANILLOS

Su serio peinado refleja su personalidad

LA HERMANA DE SHANG-CHI fue abandonada, primero por su padre y luego por su hermano. Pero Xialing se propuso ser mejor que los demás. Tras luchar junto a su hermano para proteger Ta Lo, su minifigura se pone al frente de la banda criminal de su padre, los Diez Anillos, y se prepara para hacer las cosas a su manera.

¿LO SABÍAS?
Xialing comparte su pieza de cabeza con expresión decidida con otra heroína de Marvel, la Capitana Peggy Carter.

Tiras negras de bambú de Ta Lo

Inusuales escamas blancas

FICHA DE DATOS

PASIÓN: Dibujar, estar al mando
AVERSIÓN: Que no la tengan en cuenta
AMIGOS: Shang-Chi, Katy
ENEMIGOS: Wenwu, Razor Fist
APTITUDES: Artes marciales, liderazgo
EQUIPO: Armadura de escamas de dragón, dardo de cuerda

SET: 76177 Batalla en la Antigua Aldea
AÑO: 2021

HEROÍNA DE TA LO
Durante la batalla de Ta Lo, Xialing forja una insólita conexión con el dragón místico conocido como el Gran Protector.

UNIVERSO CINEMATOGRÁFICO DE MARVEL

EL ANCIANO
ANTIGUA HECHICERA SUPREMA

- Marcas místicas, también en la parte trasera de la cabeza
- El fajín de seda púrpura rodea la cintura
- Túnica dorada que cubre caderas y piernas

LA ENIGMÁTICA MINIFIGURA del Anciano introduce al Doctor Extraño en las Artes Místicas. Aunque solo aparece en un set LEGO, su reputación como hechicera es conocida en todo el multiverso. Esto es suficiente para proteger a la Tierra de la mayoría de las amenazas alienígenas, ¡pero no de todas, como pronto descubre el Doctor Extraño!

ABANICOS MÁGICOS
La minifigura del Anciano viene con dos abanicos místicos. Pueden usarse tanto para atacar como para defenderse durante la batalla.

FICHA DE DATOS

PASIÓN: La nieve
AVERSIÓN: La arrogancia
AMIGOS: Extraño, Karl Mordo
ENEMIGOS: Dormammu, Kaecilius
APTITUDES: Artes místicas, hechizos, invocación de portales
EQUIPO: Abanicos, Anillo de Honda

SET: 76060 Sancta Sanctorum de Doctor Strange
AÑO: 2016

UNIVERSO CINEMATOGRÁFICO DE MARVEL
WONG
HECHICERO SUPREMO

WONG ERA EL ESTRICTO bibliotecario de Kamar-Taj, donde el Doctor Extraño comenzó a estudiar las Artes Místicas. Ahora la minifigura de Wong es el Hechicero Supremo, el mayor mago del universo. Posee un gran dominio de la magia, una increíble habilidad para abrir portales y es un experto en tomarle el pelo al Doctor Extraño.

Tres de las cuatro minifiguras de Wong tienen la misma cabeza

Símbolos místicos bordados en la túnica

Anillo de Honda sujeto al cinturón

FICHA DE DATOS

PASIÓN: Los clubs de lucha, los sándwiches de atún
AVERSIÓN: Que le roben los libros, los *spoilers*, los payasos
AMIGOS: Doctor Extraño, Hulka, América Chávez
ENEMIGOS: Kaecilius, Fauces Negras, Bruja Escarlata
APTITUDES: Artes místicas, invocación de portales
EQUIPO: Anillo de Honda

SET: 76205 Desafío de Gargantos
AÑO: 2022

EL EQUIPO DE LOS SUEÑOS
Wong y Extraño forman un gran equipo. Juntos protegen el Sancta Sanctorum de todo tipo de amenazas malignas.

UNIVERSO CINEMATOGRÁFICO DE MARVEL

AMÉRICA CHÁVEZ
VIAJERA DEL MULTIVERSO

Los ojos le brillan al crear un portal

Colgante con las iniciales «AC»

Pin con forma de cabeza de minifigura LEGO

AMÉRICA CHÁVEZ puede viajar por el multiverso a voluntad. Su minifigura ha pasado años saltando de universo en universo sin controlar del todo este poder. Después de conocer al Doctor Extraño, empieza a aprender a controlar sus poderes, pero antes debe escapar de la Bruja Escarlata, que quiere apoderarse de ellos.

GARGANTOS
Chávez está habituada a las cosas raras. ¡Pero eso no significa que le guste que la persiga Gargantos, un monstruo con muchos tentáculos!

FICHA DE DATOS

PASIÓN: Las bolas de pizza
AVERSIÓN: La idea de un héroe de temática arácnida
AMIGOS: Doctor Extraño, Wong
ENEMIGOS: Bruja Escarlata
APTITUDES: Crear portales, superfuerza
EQUIPO: Ninguno

SET: 76205 Desafío de Gargantos
AÑO: 2022

159

UNIVERSO CINEMATOGRÁFICO DE MARVEL

MARIA RAMBEAU
AS DE LA AVIACIÓN

MARIA RAMBEAU Y CAROL DANVERS fueron muy amigas durante su entrenamiento en las Fuerzas Aéreas, hasta que Danvers desapareció, para regresar años después como la Capitana Marvel. Rambeau está en shock pero feliz, y utiliza sus habilidades de piloto para ayudar a su amiga a derrotar a los kree. Rambeau funda la agencia de inteligencia SWORD.

¿LO SABÍAS?
La cabeza de Maria Rambeau es exclusiva, pero comparte una expresión con la de su hija, Monica Rambeau.

- Mono caqui bajo el chaleco de vuelo
- Aparato respiratorio impreso

FICHA DE DATOS
PASIÓN: La cocina de su abuela, correr
AVERSIÓN: Que la llamen «señorita»
AMIGOS: Carol Danvers, Nick Furia, Capitana Marvel
ENEMIGOS: Dr. Minerva, kree
APTITUDES: Pilotaje
EQUIPO: Ninguno

SET: 77902 Capitana Marvel y la Asis
AÑO: 2019

RARA DE VER
Rambeau es una piloto de caza que responde al apodo de «Fotón». Aparece en un único y exclusivo set de la Comic-Con de 2019, junto con la Capitana Marvel.

UNIVERSO CINEMATOGRÁFICO DE MARVEL

MONICA RAMBEAU
INVESTIGADORA ESPACIAL

- Ironheart lleva el mismo cabello
- Luce con orgullo el emblema de las Marvels
- El traje compensa la presión del espacio

SIGUIENDO LOS PASOS de su madre, Monica Rambeau se une a SWORD y en una de las misiones adquiere superpoderes. Más adelante forma equipo con Capitana Marvel y Ms. Marvel contra una nueva amenaza kree. Se han lanzado dos minifiguras similares de Monica, una con el emblema de SWORD visible en su uniforme blanco y otra con la insignia de Marvels.

FICHA DE DATOS

PASIÓN: Los álbumes de fotos, los recuerdos
AVERSIÓN: Las grietas del multiverso
AMIGOS: Las Marvels
ENEMIGOS: Los kree, Agatha Harkness
APTITUDES: Vuelo, manipulación de energía
EQUIPO: Ninguno

SET: 76232 Hoopty
AÑO: 2023

VIAJE ESPACIAL
Aprovechando el poder de la luz, Rambeau y las Marvels viajan a bordo de la nave espacial *Hoopty*.

161

UNIVERSO CINEMATOGRÁFICO DE MARVEL

AJAK
PRIMERA ETERNA ORIGINAL

PRIMERA ETERNA ORIGINAL, Ajak lidera a los Eternos inmortales en la Tierra, donde protegen a los humanos de unas bestias mortales llamadas Desviantes. La minifigura de Ajak utiliza sus poderes curativos y su sabiduría para ayudar a los demás.

La esfera dorada del pecho brilla cuando se comunica con Arishem

Armadura proporcionada por la nave *Domo*

Túnica en colores azul y dorado

FICHA DE DATOS

PASIÓN: El planeta Tierra
AVERSIÓN: El sufrimiento
AMIGOS: Sprite, Ikarus, Sersi
ENEMIGOS: Los Desviantes
APTITUDES: Curación, liderazgo
EQUIPO: Armadura celestial

SET: 76155 A la Sombra de Arishem
AÑO: 2021

¿LO SABÍAS?
El estampado de la cabeza de Ajak se usó por primera vez en su minifigura, pero desde entonces se ha usado también en otras.

ÓRDENES DE ARISHEM
Ajak recibe órdenes de Arishem, un Celestial infinitamente poderoso. Se comunica con él telepáticamente a través de una esfera en su pecho.

162

UNIVERSO CINEMATOGRÁFICO DE MARVEL

SERSI
PRIMERA ETERNA

¿LO SABÍAS?
Cada miembro de los Eternos es conocido por un único nombre, pero Sersi ha adaptado su nombre a la vida moderna y se llama a sí misma «Sylvia».

A LA ETERNA SERSI, capaz de transformar objetos mediante el tacto, le conmueven los humanos que conoce en la Tierra. Tras la muerte de Ajak, Sersi se convierte en la Primera Eterna, pero ella se deja guiar por su corazón y no por las órdenes de Arishem.

- Patrones geométricos de los Celestiales
- Puede transformar lo que toca con las manos
- Reflejos plateados en una armadura verde flexible

FICHA DE DATOS

PASIÓN: Los humanos, bailar, su móvil
AVERSIÓN: La violencia
AMIGOS: Ikarus, Sprite
ENEMIGOS: Los Desviantes
APTITUDES: Transformar la materia
EQUIPO: Armadura celestial

SET: 76155 A la Sombra de Arishem
AÑO: 2021

CUARTEL GENERAL
Los Eternos llegaron a la Tierra hace unos 7000 años en una enorme nave llamada *Domo*, que aún utilizan como base en tiempos difíciles.

163

UNIVERSO CINEMATOGRÁFICO DE MARVEL

IKARIS
ETERNO CON UN SECRETO

SUPERPODERES
Ikaris puede volar y disparar láseres de energía por los ojos. Ambos poderes resultan muy útiles para luchar contra los peligrosos Desviantes.

¿LO SABÍAS?
Esta pieza de la cabeza tiene un aspecto heroico. No es de extrañar, pues, que esta misma pieza también se use para las minifiguras del Capitán América y Ojo de Halcón.

- Traje azul con detalles dorados
- Cinturón dorado impreso en la cadera
- Rodilleras blindadas protectoras

FICHA DE DATOS

PASIÓN: Ser el favorito
AVERSIÓN: Ir en contra de Arishem
AMIGOS: Es complicado
ENEMIGOS: Los Desviantes
APTITUDES: Vuelo, láser ocular
EQUIPO: Armadura celestial

SET: 76145 Asalto Aéreo de los Eternos
AÑO: 2021

LOS FORMIDABLES PODERES DE IKARIS hacen que sea posiblemente el más poderoso de los Eternos. Muchos de sus amigos se sorprendieron cuando Sersi se convirtió en el nuevo Primer Eterno en lugar de él, pero a su minifigura le alegrará saber que aparece en más sets LEGO que ningún otro Eterno: ¡tres!

UNIVERSO CINEMATOGRÁFICO DE MARVEL

SPRITE
JOVEN ETERNO

Lleva el mismo peinado que Druig

¿LO SABÍAS?
Sprite es el único Eterno que no tiene las piernas impresas. De hecho, rara vez se imprimen las piernas cortas.

SPRITE ES TAN MAYOR e inmortal como los demás Eternos, pero tiene la apariencia de una adolescente. Su minifigura solo aparece en un set LEGO, junto a su compañera Ikaris, de la que está enamorada en secreto.

Espalda impresa con la capa de Sprite

Sprite es el único Eterno con piernas cortas

FICHA DE DATOS

PASIÓN: Decir la verdad, los teléfonos móviles
AVERSIÓN: Los abrazos, las cámaras de vídeo
AMIGOS: Ikaris, Sersi
ENEMIGOS: Los Desviantes
APTITUDES: Crear ilusiones, contar historias
EQUIPO: Armadura celestial

SET: 76145 Asalto Aéreo de los Eternos
AÑO: 2021

CONJURADOR DE ILUSIONES
Las ilusiones de Sprite engañan a todo el mundo, incluidos los Desviantes. También las utiliza para gastar bromas a sus compañeros.

165

UNIVERSO CINEMATOGRÁFICO DE MARVEL

GILGAMESH
ETERNO PROTECTOR

PUÑOS DORADOS
Los puños dorados de Gilgamesh son muy poderosos en su lucha contra los Desviantes. Por desgracia, sus poderes no son suficientes y Gilgamesh pierde la vida.

Pieza de la cabeza diseñada especialmente para Gilgamesh

Puede noquear a un desviante con la fuerza de sus puños

Túnica verde y dorada hasta la rodilla

FICHA DE DATOS

PASIÓN: Las vacaciones, las respuestas ingeniosas
AVERSIÓN: Abandonar a sus amigos
AMIGOS: Thena
ENEMIGOS: Los Desviantes
APTITUDES: Crear armaduras hechas de energía cósmica
EQUIPO: Armadura celestial

SET: 76154 ¡Emboscada de los Desviantes! | **AÑO:** 2021

¿LO SABÍAS?
Gilgamesh elabora su propia bebida. La fermenta masticando y escupiendo granos de maíz.

EL ETERNO MÁS FUERTE
Gilgamesh es tan fuerte que hace temblar literalmente la tierra. Pero también es amable y cuida de Thena cuando una enfermedad la vuelve impredecible. La minifigura de Gilgamesh también es conocida por preparar pasteles.

UNIVERSO CINEMATOGRÁFICO DE MARVEL

THENA
GUERRERA ETERNA

Los ojos le brillan cuando le ataca la enfermedad

Los pómulos dan forma al rostro de Thena

LA IMPRESIONANTE DESTREZA de Thena es aún mayor gracias a su habilidad para formar diversas armas a partir de energía cósmica. Por desgracia, su minifigura padece una enfermedad conocida como Mahd Wy'ry, que la hace peligrosa en ocasiones.

El cuerpo blindado protege a Thena durante la batalla

Traje de estilo griego antiguo

CONTRA KRO
Furiosa por la pérdida de Gilgamesh, Thena se enfrenta a Kro, el líder de los Desviantes, a quien destruye con su naginata dorada.

FICHA DE DATOS

PASIÓN: Los recuerdos
AVERSIÓN: Encogerse de miedo
AMIGOS: Gilgamesh
ENEMIGOS: Los Desviantes
APTITUDES: Formar armas de energía cósmica
EQUIPO: Armadura celestial

SET: 76154 ¡Emboscada de los Desviantes!
AÑO: 2021

UNIVERSO CINEMATOGRÁFICO DE MARVEL

PHASTOS
INVENTOR ETERNO

PHASTOS HA HECHO innumerables aportaciones tecnológicas y científicas a la humanidad. Su cerebro siempre está en funcionamiento, ¡pero algunas de sus ideas están muy adelantadas a su tiempo! A pesar de su genialidad, su minifigura únicamente aparece en un set LEGO.

Expresión relajada y divertida

Diseño circular que recuerda a sus brillantes hologramas

La túnica termina en tiras de tejido blindado

FICHA DE DATOS

PASIÓN: Inventar cosas, su familia
AVERSIÓN: Las fiestas, el sarcasmo, los arados
AMIGOS: Los Eternos
ENEMIGOS: Los Desviantes
APTITUDES: Innovación, creación de tecnología a partir de energía cósmica, proyección holográfica
EQUIPO: Armadura celestial

SET: 76156 Ascenso de Domo
AÑO: 2021

EN EL LABORATORIO
Phastos proyecta sus ideas como hologramas. Las retoca y perfecciona antes de transformarlas en objetos reales.

UNIVERSO CINEMATOGRÁFICO DE MARVEL

KINGO
ETERNO BROMISTA

El rostro alternativo muestra una expresión inquisitiva

¿LO SABÍAS?
Los Eternos nunca envejecen, así que Kingo finge que sus apariciones en películas antiguas eran en realidad su padre, su abuelo, su bisabuelo y su tatarabuelo.

KINGO LLEVA VIVIENDO como actor de Bollywood desde hace unos cien años. Cuando los Eternos se reúnen, se alegra de ver a sus viejos amigos, pero no tanto de volver a la batalla. Aun así, la brillante sonrisa de su minifigura siempre anima al resto del equipo.

Túnica morada holgada con ribetes dorados

FICHA DE DATOS
PASIÓN: Hacer películas
AVERSIÓN: Los conflictos, volar en clase turista
AMIGOS: Karun, los Eternos
ENEMIGOS: Los Desviantes
APTITUDES: Explosiones de energía cósmica, actuar
EQUIPO: Armadura celestial

SET: 76155 A la Sombra de Arishem
AÑO: 2021

VIVIR EN PAZ
Las ráfagas de energía de Kingo son muy efectivas contra los Desviantes. Sin embargo, su minifigura preferiría disfrutar de una vida pacífica.

169

UNIVERSO CINEMATOGRÁFICO DE MARVEL

DRUIG
ETERNAMENTE MALHUMORADO

LA CAPACIDAD DE CONTROL MENTAL de Druig le otorga un gran poder, pero su minifigura lucha por saber cuándo usarla y cuándo dejar que los humanos cometan sus propios errores. Druig siempre dice lo que piensa, aunque eso provoque discusiones. Siente debilidad por su compañera Makkari.

Intrincados patrones celestiales

Larga túnica en colores rojo y negro

El estampado de la túnica continúa por las piernas

FICHA DE DATOS

PASIÓN: La paz y el sosiego
AVERSIÓN: Los abrazos
AMIGOS: Makkari
ENEMIGOS: Los Desviantes
APTITUDES: Control mental
EQUIPO: Armadura celestial

SET: 76156 Ascenso de Domo
AÑO: 2021

¿LO SABÍAS?
Si la minifigura de Druig te resulta familiar, puede que sea porque comparte la cabeza y el cabello con Happy Hogan (aunque el cabello de este último es negro).

DE VUELTA A CASA
Druig pasó varios años controlando una pequeña aldea tribal. Cuando los Eternos se reúnen y piden ayuda a Druig, este deja la aldea y regresa a la *Domo*.

UNIVERSO CINEMATOGRÁFICO DE MARVEL

MAKKARI
ETERNAMENTE RÁPIDA

Lleva el pelo largo trenzado y enrollado en torno a la cabeza

¿LO SABÍAS?
Makkari es la primera minifigura con este cabello trenzado. Se trata de un nuevo molde creado especialmente para su minifigura.

MAKKARI ES SORDA, pero lo oye todo gracias a su capacidad para percibir vibraciones. También puede correr más rápido que la velocidad del sonido y cruzar continentes y océanos en cuestión de segundos. Su minifigura lucha contra los Desviantes en dos sets.

Su traje está hecho de tela y metal

Botas protectoras rojas y grises

HOGAR, DULCE HOGAR
Makkari lleva años viviendo a bordo de la *Domo*. Allí guarda su colección de antigüedades y su taza de té favorita.

FICHA DE DATOS
PASIÓN: Coleccionar tesoros
AVERSIÓN: Los ladrones, el aburrimiento
AMIGOS: Druig
ENEMIGOS: Los Desviantes
APTITUDES: Percibir vibraciones, supervelocidad
EQUIPO: Armadura celestial

SET: 76154 ¡Emboscada de los Desviantes!
AÑO: 2021

171

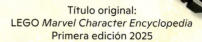

Edición Laura Gilbert y Laura Palosuo
Diseño David McDonald, Isabelle Merry y Samantha Richiardi
Edición (EE.UU.) Jennette ElNaggar
Producción Jennifer Murray
Control de producción Lloyd Robertson
Coordinación editorial Paula Regan
Coordinación de arte Jo Connor
Dirección editorial Mark Searle
Diseño James McKeag

DE LA EDICIÓN EN ESPAÑOL

Servicios editoriales deleatur, s.l.
Traducción Mari Carmen Gómez Villasclaras
Coordinación de proyecto Marina Alcione
Dirección editorial Elsa Vicente

DK desea dar las gracias a Ashley Blais, Randi K. Sørensen, Heidi K. Jensen, Martin Leighton Lindhardt y Adam Corbally, Justin Ramsden, Mark Tranter y el resto del equipo de diseño de LEGO Marvel Super Heroes, de the LEGO Group; Chelsea Alon, de Disney Publishing; y Lauren Bisom, de Marvel Comics. Agradecimientos especiales a Kevin Feige, Louis D'Esposito, Brad Winderbaum, Kristy Amornkul, Sarah Beers, Capri Ciulla, Jacqueline Ryan-Rudolph, Erika Denton, Nigel Goodwin, Jennifer Giandalone, Jennifer Wojnar y Jeff Willis, de Marvel Studios. DK también da las gracias a Julia March por la corrección de pruebas.

Publicado originalmente en Gran Bretaña en 2024 por Dorling Kindersley Limited DK, 20 Vauxhall Bridge Road, London SW1V 2SA

Parte de Penguin Random House

Título original:
LEGO *Marvel Character Encyclopedia*
Primera edición 2025

Copyright del diseño de página
© 2024 Dorling Kindersley Limited

© Traducción en español 2025
Dorling Kindersley Limited

LEGO, the LEGO logo, the Minifigure, and the Brick and Knob configurations are trademarks and/or copyrights of the LEGO Group.
© 2025 The LEGO Group. All rights reserved.

Manufactured by Dorling Kindersley, 20 Vauxhall Bridge Road, London SW1V 2SA under licence from the LEGO Group.

© 2025 MARVEL

Todos los derechos reservados. Queda prohibida, salvo excepción prevista en la Ley, cualquier forma de reproducción, distribución, comunicación pública y transformación de esta obra sin contar con la autorización de los titulares de la propiedad intelectual.

ISBN: 978-0-5939-6978-6

Impreso y encuadernado en China

www.dkespañol.com

Tu opinión importa

Escanea este código QR para darnos tu opinión y ayudarnos a mejorar tu experiencia en el futuro.